HaffmansTaschenBuch 66

Uli Becker

Meine Fresse!

Gedichte

Haffmans Verlag

Meine Fresse!
erschien erstmals 1977 bei der Edition Nautilus
und wurde für die vorliegende Neuausgabe
vom Autor poliert. Mehr darüber in der editorischen Notiz.

Veröffentlicht als
HaffmansTaschenBuch 66, Sommer 1990
Konzeption und Gestaltung von
Urs Jakob
Umschlag-Onomatopöie
von Michel Bodmer

Satz: LibroSatz, Kriftel
Herstellung: Ebner Ulm
ISBN 3 251 01066 2

1 2 3 4 5 6 – 95 94 93 92 91 90

Inhalt

Trouble comin' every day 7

Perry Rhodan hatte doch recht 13

Rübe ab! 18

Menschen! Tiere! Sensationen! 25

Die himmlischen Abenteuer von Mr. Alka Seltzer 41

Der Mai ist verkommen 47

Was lange gärt 51

Paternoster im November (Abwärts 1, 2 & 3) 56

Vorsicht Rattengift 70

Wie mache ich aus einem unscheinbaren Feierabend einen scheinbaren? 78

Für nichts und wider nichts 83

Mehr Angst als Vaterlandsliebe 90

Editorische Notiz 96

Trouble comin' every day

I mean to say that every day is just another rotten mess
And when it's gonna change, my friend, is anybody's guess
Frank Zappa

1.

Ich hab eine Antenne für die vibrations
die eine tranige
Snackbarfrühlingsrolle ausstrahlt
und ich weiß nicht
ist es die exotische Tunke auf dem Pappteller
die mir die Tränen in die Augen treibt
oder was ist eigentlich los mit mir?

Das Lebensgefühl
des Pin-up-Girls kombiniert mit Kalender
das als Demonstrationsprogramm
in die neue Computergeneration
eingespeichert ist und auf Knopfdruck
losrattert incl. zwei roten * für die Nippel
was Liebe zum Detail verrät

Das Lebensgefühl des Landsers
der sich an eine Tragfläche der Ju 52 klammert
die als letzte die Hölle von Stalingrad verläßt
und in siebzig Meter Höhe
merkt er wie er langsam aber sicher
den Halt verliert

Das Lebensgefühl des Etagenhundes
der sich Lassie in Farbe ansieht
und dann wortlos
seinen Gummiknochen unterm Teppich
vergräbt

und du fragst:
»Was hab denn ich damit zu tun?«

2.

Das Befremden
beim Anblick einer Stulle mit Aldisalami
du beißt ab du schlägst die Zeitung auf
und alles was dir dazu einfällt
ist ein lustloser
stummer Furz auf dem Stahlrohrküchenstuhl

Die Stunde der Wahrheit
wenn dir die Endrinetropfen
hinten in den Hals laufen
und es ist kein Schluck zu trinken
mehr im Haus

Ein Lebensgefühl wie Aschermittwoch
wenn die säuerlich riechenden Kotzlachen
in der Altstadt rumliegen
und alle aussehen wie Dr. Oetker
Tiefkühlpizzas

und du denkst:
»Wer weiß
zutrauen würd ich's denen!«

3.

Das Lebensgefühl des Seehundbabies
das den Robbenschläger mit der Keule anlächelt
arglos
wie Hiroshima
in der Nacht vor der Bombe

Ein Lebensgefühl
das Fleisch geworden ist
in der schlabberigen alten Schlangengurke
die sie dir bei Tengelmann
einen Groschen billiger lassen wollen
(Dabei brauchst du sie bloß anzusehen
und die finstersten Impotenzängste
kommen wieder hoch)

Was für eine Erleuchtung
wenn du eines Tages zufällig rauskriegst
daß die roten Streifen auf der Zahnpasta
gar nicht echt sind sondern aufgemalt

und du weißt mit einem Schlag:
Von jetzt an
kann dir keiner mehr was vormachen!

4.

Die vibrations
der bunt gefleckten Rindviecher
die auf einer Wiese neben der Autobahn Liebe machen
und du rast mit 140 Sachen
dran vorbei
angeschnallt   kaputt
aber auch du hast
dieses populäre warme Gefühl im Schoß
(Hee wach auf du Penner
das ist nur der Becher Tee
aus dem Automaten an der Raststätte
der dir beim Anfahren über die Hose gekippt ist)

Das Lebensgefühl
wenn du zum ersten Mal
hinter der Losbude
den Teppich aus teuer bezahlten Nieten
unter deinen Füßen spürst

Das Lebensgefühl
das in den ausgebrannten Papierkörben
an jeder Bushaltestelle gegenwärtig ist

Zum Frühstück schon das Lebensgefühl
wie es in einer drei Tage überfälligen
Milchtüte auf dich lauert
und wenn du's rausläßt
klumpig in den Spülstein plätschert

und du denkst:
»Wenn das so weitergeht
dann kann der Papst die Welt haben!«

5.

Die wahnwitzigen vibrations
der patentierten kleinen Tropfenfänger
aus rosa Schaumgummi
an der Tülle einer Melittakanne voll Kaffee HAG

Die wahnwitzigen vibrations
der röhrenden Hirsche überm Sofa und der Theken-
gespräche
die immer wieder bei Adolf & Eva anfangen

Das Lebensgefühl an so Abenden
wo dir der Fingernagel in der Wählscheibe abbricht
wenn du sie anrufen willst und einfach fragen
was sie anhat

Das Lebensgefühl der steinhart gefrorenen
polnischen Mastgänse
die bei Horten
mit dem Rücken zur Wand
in der Kühltheke liegen und nix mehr zu erwarten haben
außer wenn's hochkommt als der mysteriöse
»stumpfe Gegenstand«
im gerichtsmedizinischen Befund
einer blutjungen Ehebrecherin zu enden

Die vibrations der Millionen
einsamer deutscher Hotelfrühstücke ohne Ei

Die vibrations der Millionen
personalisierter Postwurfsendungen
für Bodybuildingkurse

Die vibrations der Millionen
Dragees und Pillen gegen alles mögliche
die jeden Morgen Mittag Abend
neben deinem Teller liegen

und du fragst:
»Sieht so das Ende aus?«

Nicht ganz!
Das Lebensgefühl
von dem dieses Gedicht ein Liedchen singen kann
durchzuckt dich noch ein letztes Mal
wenn du früh um sechs in St. Quentin
auf den Elektrischen Stuhl sinkst und spürst
wie sich die unsterbliche Reißzwecke
in deine rechte Arschbacke bohrt

»Das Leben geht weiter wie immer!«
sagst du dir
und während sie dein Hosenbein aufschlitzen
für die erste Elektrode
klebst du als Vermächtnis
dein Kaugummi unter den Sitz

Perry Rhodan hatte doch recht

1. Eines schönen Tages im Badezimmer ...

Das fängt natürlich ganz harmlos an
Wie solche Sachen meistens anfangen:
Wir stehen unter der Dusche, splitterfasernackt
Und flutschen uns das Stück Seife hin und her
Das stimmt uns ein
Auf den gemütlichen Teil des Abends
Eine Matratze materialisiert sich vor unseren Augen
Der Plattenspieler läuft, und einer singt:
»Laß uns die Nacht zusamm' verbringen
Ich brauch dich jetzt mehr denn je
Laß uns die Nacht zusamm' verbringen, komm«

2. Und so ...

Man muß es einfach kommen sehen bei ihr
Um es wirklich zu glauben
Die Art, wie ihr kleines rosa Zäpfchen vibriert
Wenn sie ihren Tarzanschrei rausjubelt:
Oft kopiert – nie erreicht!
Mit traumhafter Leichtigkeit bedient sie
Ein paar Knöpfe und Schalter
Legt den großen Haupthebel um
Und 100 000 Volt jagen durch jede Faser meines Leibes
Ich klebe an ihr, zuckend wie der Mann vom E-Werk
An der Hochspannungsleitung
Da oben zwischen Himmel und Erde

Es dauert eine Ewigkeit
Bis sie ihm endlich den Saft abdrehen
Dann klatscht er runter
Wie 'n Sack mit 'ner Leiche drin
Platt auf den Rücken: Wer drückt ihm die Augen zu?

3. Wenig später ...

In der Pause essen wir Vollmilchnußschokolade
Und führen eines unserer legendären Bettgespräche
Wie drei außerirdische Charaktere
In einem billigen Science-Fiction-Heftchen:
»Ich möchte wirklich gerne wissen
Wer dir das eingeredet hat!
Ich finde sie immer wieder köstlich
Erinnern mich an zwei Pfirsichhälften aus der Dose
Mit 'ner Puschkinkirsche drauf
Aber meinetwegen bitteschön
Laß dir Silikon reinspritzen, bis sie schwarz werden
Dann kriegste sooolche Möpse
(›Garantiert zwölf Zentimeter mehr über Nacht!
Dankschreiben aus aller Welt‹)
Ich sage nur Raquel Welch!
Die muß sich in den besten Szenen doubeln lassen
Weil Silikonbusen nicht wippen –
Außerdem verrutscht das Zeug
Bei mechanischer Belastung«

Doch da klingelt's auch schon zum nächsten Akt
Der Wonnemonat Mai bleckt die Zähne
Die Balkontür steht weit offen
Und es vermählen sich die zarten Düfte
Von Blüten und Liebe

4. Die Stunden verfliegen ...

Ihre Silhouette steht weich wie 'n King Kong von Steiff
Gegen den mondhellen Hinterhof
Als sie uns 'ne andere Platte auflegt:
»Wildes Dingen
Du machst mein Herz singen
Du machst alles dufte«

Schließen wir doch unseren schäbigen kleinen
Individualfrieden mit der Welt
(»Du & ich, Baby! Was juckt uns das alles?«)
Zwei Menschen aus der Gosse
Greifen nach den Sternen

Im selben Augenblick
Spüre ich sie auf meinem Bauch
Ihre Brustwarzen, so fest und empfindlich
Wie der Zünder einer volkseigenen Tellermine
Im trügerischen Sand des Todesstreifens:
Die leiseste Berührung, und sie geht hoch
Und dann können mich die Schäferhunde
Vom Stacheldraht lecken

5. Und deshalb ...

Ich stehe auf, gehe an meinen Schreibtisch:
»Heute beginnt der Tag mit einem Knutschfleck«
Schreibe ich auf ein Blatt Umweltschutzpapier
Und ich brauche nicht lange zu überlegen
Weitergehen kann es nur so:
»Und er endet mit der Zärtlichkeit
Aufeinanderprallender Güterzüge«

Die Geschichte dieses Sommers
Findet eben nicht bloß zwischen den Laken statt
Da sind auch die gespenstischen Containertrecks
Die im Schutz der Dunkelheit
Endlos durch die laue Nacht rattern
Und klammheimlich den Atommüll
In die stillgelegten Salzbergwerke schaffen
Wenn die Leute entweder schlafen
Oder besoffen sind
Oder Liebe machen wie wir

Und dabei was anderes im Kopf haben
Als so 'ne waschechte Apokalypse
Mit radioaktiven Mutanten und allen Schikanen
Und dazu gehört auch, um ein paar Ecken
Daß wir als Jungs immer winkend
Auf der Autobahnbrücke gestanden
Und den Wagen hinterhergesehen haben
Wir warteten auf große Mercedesse
Und schrieben bestenfalls mal 'ne seltene Nummer auf
Dann fuhren wir mit dem klapprigen Fahrrad
Nach Hause und vergaßen beim Eis zu zehn
Die große Sehnsucht

6. Etliche Jahre sind ins Land gezogen . . .

Natürlich ist sie heute noch da, und stärker
Und natürlich erwacht sie
Nicht bloß auf dem Rummelplatz
Wenn an der Raupe wieder das Schild hängt
»Junger Mann zum Mitreisen gesucht«
(Das ist doch *Poor Boy* von den Lords!)
Die Sehnsucht will nicht allein
Irgendwohin, wo was los ist –
Was passiert, soll hier passieren!
Ich habe es nicht anders erwartet
Jetzt, wo die Theken in den Eissalons
Immer verchromter und brutaler werden
Als daß die Jungs nachts auf die Brücke schleichen
Und dicke Brocken runterschmeißen
Und es wundert die Reporter auch nicht wirklich
Daß es ausgerechnet ein 350 SE ist
Dessen getönte Frontscheibe zerschmettert wird
Vom Fahrer ganz zu schweigen

7. Und der Wind schreit Mary . . .

Der Täter entkommt unerkannt und picklig
Mit seinem Mofa raus in die Trabantenstadt
Wo sein einsamer Schatten
In der Tod und Verderben bringenden Anonymität
Eines terroristischen Wohnsilos verschwindet
Im Aufzug, vollgekritzelt mit Flüchen
Und schematisierenden Bilddarstellungen
Hat er wieder dieses vage Gefühl
Daß es einklich irnkwie noch
Was anderes geben muß als diesen ganzen Muff
Und er denkt: »Na ja, die hysterische Sirene
Da draußen in der Nacht
Das war doch wenigstens etwas!«

Rübe ab!

Noch das äußerste Bewußtsein von Verhängnis droht zum Geschwätz zu entarten. Kulturkritik findet sich der letzten Stufe der Dialektik von Kultur und Barbarei gegenüber: nach Stammheim ein Gedicht zu schreiben, ist barbarisch.

Aktualisierung eines deutschen Satzes (Mai 1976)

1.
Als die Wärter sie fanden
Sonntag morgen, kurz nach halb acht
War ich natürlich noch am Schlafen
Die wußten auf einen Blick, was Sache war:
»Siehste«, sagten sie im Chor
»Hat BILD wieder mal recht behalten!«
Die Gefangene stand nämlich nicht
Auf dem blanken Boden der Rechtsstaatlichkeit
Nein! Sie hing
Dreißig Zentimeter darüber
Und das allein sollte doch schon
Beweis genug sein

2.
Es ist Muttertag und ein Bombenwetter
Und während in den Vororten die Gummiboote
Auf die Autos geschnallt werden
Kommt die Nachricht im Radio
»Und dabei hatte die sogar
Einen Plattenspieler da drin« sagt Mama zu Papa
Und packt den Kartoffelsalat
Die Gewürzgürkchen und hartgekochten Eier
In die Coca-Cola-Kühltasche

3.
Dann eine Woche später in Berlin
Ein innerer Reichsparteitag

Für die Fotofexe in ihren Trenchcoats
Die Belichtung stellen sie auf Schönwetter
Die Entfernung auf Gruppen
Aber wer noch weiß, was er tut
Hat ein Tuch vor dem Gesicht an diesem Samstag
Auf dem evangelischen Friedhof Kreuzberg

4.
Nach *vorsichtigen* Schätzungen
Sind viertausend Leute gekommen
Und am offenen Grab schwören sie
»Der Kampf geht weiter!« – doch nicht hier:
Statt einer geballten Ladung hat einer die Idee
Den dicken Streifen Gold
Von der Fahne am Eingang abzuschneiden
Für die Verdammten dieser Erde
Was bleibt und am Himmel flattert
Ist ein schwarz-rotes Banner
(Beklemmender Gedanke:
Das macht immerhin zwei Drittel von dem aus
Wofür der deutsche Mensch aufsteht
Und anfängt zu singen)

5.
Köpcke, cool wie immer
Verliert in seiner Show kein Wort
Über den Vorfall, sondern schaltet
Nach Bonn zu den korrekten Bindern
Die sich räuspern und mit todernsten Mienen
Ein paar ausgefeilte Erklärungen
Zur Selbsttötung der Terroristin abspulen
Worte so künstlich und verlogen
Wie das Rouge
Das ihr der Leichenbestatter
Auf die Wangen gepudert hat

6.
Mit »diesen bedauerlichen Ereignissen«
Ist der Kampf gemeint
Der schon weitergegangen ist
Ein brennendes Bullenauto in Frankfurt
Drei Kilogramm TNT
In einem Schließfach am Stachus
Nicht gemeint ist dagegen der Skandal
Heute nachmittag in der Paulskirche
Die Feierstunde zum 200. Geburtstag der USA
Die Nation hängt ihrem Kanzler an den Lippen
Als er dem Großen Bruder bestätigt
Daß er ganz okay ist
(»Dochdoch ehrlich, Hut ab!«)
Vizepräsident Nelson D. Rockefeller
Beißt lachend in ein Paar Frankfurter
Und küßt unschuldige Babies
Mami knipst

7.
Als nächstes höre ich
Sie haben die Waldbrände in Niedersachsen
Auch unter Kontrolle jetzt
Menschliches Versagen hier wie überall
Nicht mit 100%iger Sicherheit auszuschließen
Das Deutsche Rote Kreuz
Schickt weitere zweitausend Wolldecken
In das Katastrophengebiet nach Italien
Denn wer von uns wüßte nicht
Was das heißt: *Erdbeben*
Schließlich haben wir den Film gesehen
Das ganze Kino war am Zittern
Grau-en-haft!

8.
Die Wetterkarte kriege ich nur halb mit
Ich bin schon in der Jacke und suche mein Geld
Und als ich ausmache
Ist gerade die Rede von einer Hochdruckzone
(Hört sich an wie die Zigeunerin
Die mir die Zukunft aus dem Kaffeesatz liest!)
Meine Stammkneipe ist bloß 'n Katzensprung
Wie oft bin ich hier schon reingekommen
Den Dolch im Gewande
Wenn ich ihn in mir hochsteigen spüre
Den Kaufhausbrandstifter, Amokläufer
Und jedes Mal dieser Augenblick
Wo ich an die Theke gehen will und sagen:
»Mach mir 'n Molotow, Raoul,
Aber 'n Doppelten!«
Was ich wirklich sage, ist:
»Großes Alt, Erwin!« – So sieht's aus!
»Ich möchte so besoffen sein
Daß ich alles nich mehr seh«
Wie es in einem populären Agitrockfetzer
Schön schmissig formuliert ist

9.
Die radikalste Reaktion
Des »frustrierten Intellektuellen«
Im langsam, aber sicher verlandenden
»Sumpf des linken Sympathisantentums«
Schlägt sich in seiner kaputten Leber nieder
Die Faust in der Tasche ballen
Oder leer in die Luft recken und skandieren
Aber nie das Gefühl geriffelter Griffschalen
Und wenn am Ende doch mal
Dann mit der Mündung am Gaumen
Und natürlich, Ehrensache:
Bei der Wahl 'nen leeren Zettel abgeben

10.
In der Ecke flimmert ein TV, ich seh schon
Wieder der alte Film, der da abläuft
Nicht, daß ich was gegen Krimis hätte
Es gibt Schlimmeres
(»Das Leben schreibt sich
Die härtesten stories eben doch selber!«)
Die absolut besten Mörder, haben wir gelernt
In all den Jahren vor der Glotze
Die kaltblütigsten und subtilsten Mörder
Sind immer noch die Butler

11.
Man kennt das: »Zu spät, Parker!«
Sagt der freundliche alte Landarzt
Und schüttelt langsam den Kopf
Er legt das Stethoskop in seine Tasche zurück
»Sie muß schon seit Stunden tot sein«
Im Vordergrund ein leeres Tablettenröhrchen
Und ein umgekipptes Wasserglas: »Selbstmord«
Schreibt er auf den Totenschein
Und der teuflische Butler steht stumm daneben
Ein alter Menschheitstraum wird wahr:
Das Perfekte Verbrechen!

12.
Ich trinke das Glas aus
Und schiebe es Erwin über die Theke
»Dasselbe?« fragt er
»Immer dasselbe, Erwin!«
Das ist ja Wahnsinn, was hier läuft
Und schon Polonius war klar
Dieser Wahnsinn hat Methode

12a.
Wie in einem meiner schlechten Träume
Wenn mir die Currywurst schwer im Magen liegt
Sehe ich sie durch die Supermärkte geistern
Sie wühlen in den Sonderangeboten
Und summen dabei leise diesen Ohrwurm
Den man jetzt in jedem Radio hört
Gesungen von den Regensburger Domspatzen:
»Die Gedan-ken si-hind frei . . .«
Sie bringen als Souvenirs aus dem Urlaub
Die alten Ideale der Bastille
In neuer Form mit nach Hause
»Liberté, Égalité, Fraternité«
Wie sie vorne auf französischem Kleingeld
Verwirklicht sind
In Berlin fangen die Studenten wieder an
Zu wetten, wie viele von ihnen
Sich in einen Mini reinzwängen lassen
Die Presse kriegt vom Sponsor 'nen Freßkorb
Und schreibt: »Diese jungen Menschen
Sind der fleischgewordene Beweis
Wie radikal die Tendenz sich gewendet hat
Weg vom allzu weichen 2 CV
Zurück zum spurtreuen Austin
Mit seiner bewährt harten Federung«
Als ich das per Zufall lese
Muß ich lachen, kurz und trocken
Und gefragt, wie ich das finde
Sage ich: »Zum Schießen!«
Wie immer schlagfertig, sogar viel zu fertig
Um es tatsächlich zu tun

13.
Ich habe sie längst aus den Augen verloren
Die Striche auf meinem Deckel
Und während in den schon erwähnten Vororten

Das heulende Elend um sich greift
Als die blutigen Unfallmeldungen
Von der Autobahn eintreffen
Gehe ich pissen
Und was ich neben den Automaten kritzele
Sagt mir die Wahrheit über mich selbst
Doch ich bin sicher, für viele zu sprechen
Die auch wissen, wie alles anfing
Und jetzt genau wie ich im Urin haben
Worauf das hinausläuft
Klar bin ich besoffen
Das muß so sein heute abend
Denn auf das, was hier gespielt wird
Bleibt mir nur eine Antwort übrig:

»Scheiße, Ulrike,
Der Krampf geht weiter!«

Menschen! Tiere! Sensationen!

All the lonely people,
where do they all come from?
All the lonely people,
where do they all belong?
Lennon–McCartney

Ich bin ja kein Kind von Traurigkeit,
aber was würde ich machen ohne
meine Leute, die mich anrufen und
fragen, wieso ich nicht rüberkomme,
'n Glas Bacardi trinken oder zwei und

dann vielleicht noch mal in *Clockwork*
Orange – schon wegen der Leute, die
immer an den falschen Stellen lachen.
Ich glaub, ich wäre verdammt allein
mit all den Leuten, die sich am

Fuß des Wolkenkratzers zusammen-
rotten und dem Mann oben auf dem
Fenstersims mit ihrem leicht gereizten
«Spring doch endlich!« ein schlechtes
Gewissen machen wollen . . . All die

Leute, die sich ihr erotisches Feuer
vom Liebesbarometer auf der Kirmes
bestätigen lassen und dankbar »Ich
sag's ja immer!« grinsen, Leute wie der
Busfahrer, der der netten älteren Dame

eine Informationsbroschüre über die
vorteilhafte Seniorenkarte neben das
Wechselgeld legt, ohne daß sie danach
gefragt hätte – ganz im Gegenteil,
und zu Hause stöbert sie in der Kiste

mit Fotos von früher und quetscht ein
paar Tränchen. Wohin man auch sieht,
überall sind die Leute mit ihrem Latein
so am Ende wie der Goldhamster, der
sich in seiner Lauftrommel abstrampelt

und strampelt und doch nie wirklich
ankommt, wo er hin will – und dazu
diese gestressten Familienväter, die im
Inferno ihrer Midlife crisis vor dem
Käfig im Kinderzimmer sitzen und sich

auf 'ne Art wiedererkennen in dem
tragischen kleinen Kerl. Andere Leute
fahren jede Nacht mit geklauten Autos
in der Gegend rum, bis kein Tropfen
Benzin mehr drin ist. Und erst die

Leute in den Wohngemeinschaften,
die beim Spaghettimachen um Mitter-
nacht den Knoblauch als dialektischen
Gegenschlag auf ihre scheißbourgeoise
Sozialisation zelebrieren, Leute,

die nicht bloß keine Witze erzählen
können, schlimmer, sie erklären auch
die Pointe nach dem dritten Glas.
Und wie reagierst du auf Leute, die
beim Reinfahren ins Parkhaus nie

an den Quittungsautomaten kommen
und behaupten, ihr Arm wäre zu kurz?
Leute, die sich sonntags morgens im
Schlafanzug mit den Zeugen Jehovas
auf eine Diskussion einlassen, Leute

wie diese guterzogenen Töchter,
die vor dem Traualtar »Ja, bitte!«
seufzen und es als letztes Reservat
typischer Weiblichkeit verklären,
wenn sie die Abseitsregel nicht

kapieren. Andere Leute essen im
Wartesaal für eine Fünfmarkswette ihr
Bierglas auf («Sag feige!«). Dann Leute,
die im Kino immer beide Armlehnen
für sich haben wollen, und Leute wie

der Mann von der Müllabfuhr, der Ende
Februar ein Frohes Neues Jahr wünschen
kommt und einfach nicht weggeht. Kennst
du nicht auch die Leute, die staubige
Plastiknelken auf der Fensterbank

stehen haben, oder Leute wie diese
Todesschwadroneure, die sich in einer
Bürgerinitiative zur Bekämpfung des
Vandalismus in unseren öffentlichen
Verkehrsmitteln organisieren? Und

die Leute mit den drei Kugelschreibern
in der Brusttasche? Leute wie der
unternehmungslustige Strohwitwer,
der die telefonische Zeitansage in ein
Gespräch verwickeln will und feststellen

muß, daß die auf stur geschaltet hat.
Leute, die ja eigentlich keine Tramper
mitnehmen, diese Frauen, in deren
nagelneuem Jeanskäfer es so rührend
nach angezogener Handbremse

stinkt. Dann die Leute, die ihren Kindern einen Kaufladen schenken, damit sie mal auf anständige Gedanken kommen und diese Doktorspiele sein lassen, und Leute wie die traditionellen

Kriegerwitwen, die sich gegenseitig mit Ansichtskarten aus der Nachsaison bombardieren, das Hotelzimmer wirklich angekreuzt. Oder Leute, die mit einem Rezept für Hämorrhoidencreme in die

Apotheke kommen und so tun, als wär die gar nicht für sie, Leute, die davon träumen, ein einziges Mal auf die ZDF-Torwand zu schießen, ehe sie sterben, und ganz besonders die Leute, die

sich jeden Morgen eine zusammengerollte Socke vorne in die Hose stecken. Dagegen sind Leute wie der Mietkiller schon ein Lichtblick, wenn er »Selbständig« ankreuzt und sich

für das rosa Schweinderl entscheidet, oder auch Leute wie der schlaugewordene Lohnbuchhalter, der nach zwanzig Jahren mit der Kasse durchbrennt und in Paris die Sau rausläßt. Andere Leute sitzen

den ganzen Tag in Cafés und bieten den Tischnachbarn Knallzigarren an, noch andere verblüffen die Kollegen mit ihren Wochenenderlebnissen (»Ich sag, ich bin dir doch wohl gut für 'n Euroscheck . . .«).

Leute ohne Phantasie in Form von Typen,
die mich mit einem fadenscheinigen
»Falsch verbunden!« abzuschmettern
versuchen, wenn ich die Nummer einer
guten alten Freundin wähle und meinen

Namen nenne, und Leute am Langen
Samstag, die überhaupt nicht aufhören
können zu hupen, eingekeilt in ihrer
Parklücke, die Stirnader geschwollen.
All die Leute, die nachts um kurz vor

zwölf in Straßenbahnwartehäuschen
hocken, mit einem Schälchen Pommes
frites auf dem Schoß (halb Majo, halb
Ketchup), und die Leute, die ein
nervöses Magenleiden mit sich

herumschleppen, weil sie seit dem
Urschrei damals den Mund nie mehr
richtig aufgekriegt haben, Leute wie
die Späten Fräuleins, die ihre ganze
Hoffnung darauf setzen, vom Zahnarzt

unter Chloroform geweckt zu werden.
Leute, denen am Brenner siedendheiß
einfällt, daß sie zu Hause das Bügeleisen
angelassen haben, oder einfach Leute wie
Herr Sparbier. Andere Leute machen's

Eleanor Rigby nach, die ihr Lächeln in
einem alten Marmeladenglas neben der
Tür stehen hat, wie jeder weiß. Achte
mal auf die Leute, die ihre *National-*
zeitung am Kiosk gleich falten und

hastig in die *Quick* schieben, oder auch Leute wie die Hausfrau im Webpelz, die mit himmelwärts gewandtem Unschuldsblick ihren schwarzen Pudel mitten auf dem Bürgersteig sein »Geschäftchen«

machen läßt. (Dieser Pudel ist einer von den Leuten, die sich zur Begrüßung an dein Bein klammern und dich panisch ins Knie ficken, weil sie einfach nicht wissen, wo sie's lassen sollen ...)

Die Leute vor dem dampfenden Eisbein, das aus dem Sauerkraut ragt, und die Leute, die beim Tina-Versand eine Sexy-Röntgen-Brille für 9 Mark 80 bestellen, weil sie der Auffassung sind, Spaß

muß ganz einfach sein. Leute, die einen Schrumpfkopf am Rückspiegel baumeln haben, mit einer Glühbirne drin für die Augen, und die Leute, die abends mit einem Sofakissen im Fenster liegen

und Leute beobachten wie Gustav Gans, der die erstbeste Mülltonne aufmacht, um die Perlenkette rauszunehmen, und selbstverständlich Leute, die die Fresse poliert kriegen, weil sie auf Schalke

im falschen Block stehen. Andere Leute rennen in düsteren Treppenhäusern rauf und runter und suchen den Notausgang angesichts der Leute, die sich nach der Rentenzahlung im Postamt breitbeinig

vor dem Fahndungsplakat aufbauen
und wieder einen durchstreichen.
Oder Leute, die einen Brief an ihren
Abgeordneten in Bonn aufsetzen,
weil sie finden, hier geht was nicht

mit rechten Dingen zu, Leute, die auf
offener Straße dem Kontaktbereichs-
beamten ein Stäubchen von der Jacke
suchen, und Leute, die sich morgens
Mut antrinken und dann doch bloß wieder

die Wände im Lochkartenraum anbrüllen.
Leute wie die vergessenen Liebhaber,
die zur Geisterstunde aus den Kleider-
schränken poltern und ihre Hosen
nicht mehr finden können, Leute wie

die ausgebrannten Wermutbrüder,
die vor den weihnachtlich strahlenden
Schaufenstern der Elektrogeschäfte
stehen und sich die Werbespots für *After
Eight*-Pfefferminzplättchen ansehen,

Leute wie die durchgedrehten Leichen-
wäscher, die willige Mädchen dafür
bezahlen, daß sie stundenlang mit ihnen
duschen und sich makabre Geschichten
anhören. Leute, die ihr Heftpflaster

ganz ganz langsam losmachen, wegen
der Härchen, und andere Leute, die es
mit einem Ruck abreißen und eine
Philosophie daraus machen. Leute wie
die Geisterfahrer auf der falschen

Autobahnseite, nur echt ohne Licht,
und Leute, die sich in Wartezimmern
ihre schrecklichen Krankheiten und
Operationen erzählen (»Vier Spritzen
hier rein, ich kann Ihn' sagen . . .«).

Zum Glück gibt es noch Leute, die mich
anrufen und fragen, wieso ich nicht
rüberkomme, 'n Glas Bacardi trinken
oder zwei und dann vielleicht noch
mal in *Taxi Driver*, wo die Leute die

zentralen Dialoge halblaut mitbeten,
der Tonspur immer eine Idee voraus.
Ein Lichtblick auch Leute wie diese
Kindergärtnerin, die gehen mußte,
weil sie sich von den kleinen Jungs

Groschen in ihr sommersprossiges
Décolleté hat stecken lassen, oder
Leute wie der verkrüppelte Neger,
der im Hinterzimmer die Spucknäpfe
ausleert und dabei *Ol' Man River*

singt, in der Originalversion. Aber
denk bloß an Leute wie den Goldfisch,
der im Clo runtergespült wird, weil seine
anfängliche Ausstrahlung verblaßt ist
und die Wasserflöhe sowieso gerade

alle sind, oder an Leute wie das fein-
gemachte kleine Mädchen, das schon
aufstehen darf und in der Drehtür
der Raststätte Karussell fährt, bis ihr
die Knackwurst vom Kinderteller

ruckartig wieder aus dem Gesicht
fällt. Was tun bei Leuten, die sich im
Crazy Cock Nightclub die Weinkarte
über den Schoß decken, um sich mal
so ganz ungezwungen amüsieren

zu können, was tun bei Leuten wie den
japanischen Touristen, die in Berlin
ein paar Krümel von der Mauer in einen
Luftpostumschlag kratzen und sich aus-
malen, wie die Kollegen zu Hause gelb

vor Neid werden? Und erst Leute wie
die Mädchen mit einem allergischen
Ausschlag an den Schenkeln von ihrer
neuen Enthaarungscreme! Andere Leute
lassen im Gespräch gern fallen, daß

sie von den wichtigsten Barkeepern der
europäischen Metropolen mit Namen
und Drink gekannt werden, diese Leute
in den Sechszylindern, die sich vor der
roten Ampel gedankenverloren in der

Nase bohren und die vorbeiwackelnden
Hintern anhimmeln – und dann auf die
Tube drücken, daß die Maschine jubelt.
Leute wie der Tchibo-Kaffee-Experte
und all die Leute, die der Welt ein

lachendes Gesicht zeigen und im dunklen
Kino dann bei der ersten sich bietenden
Gelegenheit anfangen zu heulen, Leute
wie die knallharten Erfolgsmenschen,
die nach dem zweiten Schlaganfall

froh sein müssen, wenn sie im Bett
Greifübungen machen können, mit
einem Stinktier aus Gummi. Andere
Leute stehen freitags um sechs vor dem
Lottoschalter in der Schlange und

sehen nervös auf die Uhr. Das sind die
Leute, die ihre Wünsche auf kleine
Zettel schreiben, damit sie ihnen der
Weihnachtsmann erfüllt, Leute, die am
Wochenende die Liebe runterschlingen

wie die ganze Woche über ihr Kantinen-
essen. Geh mir weg mit Leuten, die
sich hinter vorgehaltener Hand die
Reste vom Sauerbraten aus den Zähnen
pulen und, wenn sie in Stimmung sind,

der Bedienung gegen Spesenquittung
unter den Rock fassen! Leute wie der
Lasterfahrer, der meiner Frage zuvor-
kommt und erzählt, wie er eines schönen
Tages das erste Pommesgäbelchen hinter

den Dichtungsgummi seiner Windschutz-
scheibe geklemmt hat, und jetzt kann
er nicht aufhören, bis er einmal ganz
rum ist. Leute wie die frischgebackene
Ehefrau, deren Bräutigam in der Hoch-

zeitsnacht nur mal eben Pariser ziehen
geht und nie mehr wiederkommt. Andere
Leute verstehen das Beste draus zu
machen, zum Beispiel die weisen alten
Männer, die am Frühstückstisch in den

Todesanzeigen Lebenszeichen fast
vergessener Freunde finden. Dann gibt's
Leute, die dem Kukidentbecher einen
selbstverständlichen Platz in ihrem
Leben eingeräumt haben – aber auch

ein paar andere, die sich noch wehren
und ihr Gebiß in einem Whiskyglas auf
dem Nachttisch stehen haben. Harharhar,
ich weiß, das ist ein gefundenes Fressen
für all die Leute, die über die Leute

in diesem Gedicht grinsen und insgeheim
flehen, daß sie nicht selber drin vor-
kommen. Leute, die seit Jahren schon
Angst vor jeder neuen Stones-LP haben,
weil damit jedes Mal auch ein Stück

von ihnen stirbt, so komisch arrangiert,
Leute, die sich von dem neuen Dylan
nicht den alten kaputtmachen lassen
wollen und deshalb von dem Konzert
wegbleiben – und nicht etwa wegen der

vierzig Mark für das Ticket, die ja für
sie heute nicht mehr das Problem sind
wie früher, ein Glück. Aber ich meine
auch Leute wie den linientreuen Punk
bei McDonald's, der sich mit tausend

tierisch leeren Kalorien in den siebenten
Himmel der Blank generation frißt,
und die Leute, die jeden Abend durch
die Kneipen irrlichtern wie die Seelen
der Toten, die in ungeweihter Erde

begraben liegen, Leute, die auf Nach-
fragen bereit sind zu glauben, daß sie
ihn sich doch auf dem Clo geholt haben,
wo denn sonst?! Leute, die dich auf dem
Flohmarkt anhauen nach dem Motto

»Peace, Alter!«, und ob du nicht irgend-
wie mal 'ne Mark hättest für 'n armes
Schwein, und wenn du sagst, du wärst
selber eins, kommt zurück: »Das seh
ich, logo, aber trotzdem, du . . .«.

Ganz zu schweigen natürlich von den
getürkten Genossen von der Mensa, die
dir eine Unterschrift für so 'ne neue
Befreiungsbewegung abschwatzen,
und ein paar Tage später stehen sie als

Mechaniker im Blaumann auf der
Matte und liefern die neue Constructa.
Da lob ich mir doch die Leute, die mich
anrufen und fragen, wieso ich nicht
rüberkomme, 'n Glas Bacardi trinken

oder zwei und dann vielleicht noch mal
in *Deep Throat*, diesen Streifen über
Linda Lovelace und all die anderen,
die den Hals nicht vollkriegen. Klar,
ein Lichtblick auch Leute wie die zwei

Taubstummen im Bus, die sich mit
Händen und Füßen Witze erzählen und
sich dabei vor Vergnügen fast in die Hose
machen. Aber die meisten Tage beginnen
trotz allem eben doch mit Leuten,

die sich vor dem fleckigen Spiegel
im CVJM ihre Pickel ausdrücken, und
danach dann Leute wie die Supermarkt-
kassiererin mit dem verkniffenen Mund
der potentiellen Giftmörderin. Leute, die

alle vier Jahre pünktlich ihr Kreuzchen
machen und dann beim Bier die Hoch-
rechnungen verfolgen, nicht spannender
als die *Sportschau*, aber mal was anderes.
(Oder gar solche Leute, die wirklich

daran glauben . . .) Leute wie dieser
Vertreter mit dem kaputten Autoradio,
der sagt, er sei in letzter Zeit vom Pech
verfolgt, und ich muß ihn mir gleich
in irgendeinem Hotelzimmer vorstellen,

wie er seine aufblasbare *Ready Maid*
in der Wanne unter Wasser drückt,
um die undichte Stelle zu finden. Und
erst Leute mit der Lebenserfahrung der
älteren Dame, die seit 17 Jahren nicht

einen Verhandlungstag im Landgericht
ausgelassen hat, Leute wie diese
Krankenschwestern, die Anfang dreißig
einen lebenslänglich verknackten Vater-
mörder heiraten und ihm dann selbst-

gestrickte Fäustlinge für den Hofgang
schicken. Hände weg von Leuten, die
dem Penner auf der Parkbank seine Decke
wegziehen, um den Kommentar auf der
zweiten Seite zu lesen, Leuten wie

den sturen Mittelklassebesitzern, die
einem an der Autobahnauffahrt fast
den Daumen abfahren. (Sie sind allein
mit ihren vollgestopften Aschenbechern,
und die kalten Kippen offenbaren ihnen

dito Wahrheiten: Nix geht mehr!) Oder
Leute, die sich in den D-Zug-Abteilen
erster Klasse über den Rand führender
Feuilletons anglotzen, Leute, die ihrer
Sekretärin drei Riesen in die Hand

drücken und das Ticket, damit sie es
sich wegmachen läßt. Andere Leute
können nur lächeln über HB und Ernte
und schwören auf Overstolz, weil wer
Kastrierte raucht (»So fängt das an . . .«),

der ist kein Kerl. Und vergiß nicht
Leute wie die Frauen mit gewickelten
Beinen, die durch die Gänge vom Sozial-
amt schlurfen, und wenn sie endlich
ihren Buchstaben gefunden haben,

kommt der Sachbearbeiter gerade raus
und »Mahlzeit!«. Andere Leute lieben die
alte Ordnung und pochen auf rechts vor
links, im Straßenverkehr wie im Leben.
Dazu passen die Leute, die heute noch

die Nummer ihres ersten Karabiners
wissen und von der Schicksalsgemein-
schaft der Frontsoldaten schwärmen, wo
in zermürbenden Materialschlachten
tiefe, urmenschliche Wesenszüge

freiwurden. Wenn ich so Leute sehe
wie die dürren Omis, die in die Kirche
tigern und singen »Ein' feste Burg ist
unser Gott«, spüre ich tief drinnen,
daß ich mehr Leute brauche, die mich

anrufen und fragen, wieso ich nicht
rüberkomme, 'n Glas Bacardi trinken
oder zwei und dann vielleicht noch mal
in den *Amerikanischen Freund* – schon
um zu sehen, wie Hopper am Ende ist,

auf dem Billardtisch liegt und mit der
Polaroid auf sich schießt. Es wimmelt
von Leuten wie dem Buckligen im
Schnellimbiß neben dem Kino, der
sich mit mühsamen Bewegungen das

Zeug reinschiebt, und als die Frau
hinter der Theke ihn fragt: »Wie geht's
denn so, Otto?«, kommt er mit: »Muß
ja . . . und selber?« Es wimmelt von
Leuten, die im Stehen schlafen,

in stinkenden Telefonzellen, deren
Boden immer feucht ist – und das ist
kein Wasser. Andere Leute schreiben
Gedichte über so was, und wenn sie
nicht aufpassen, reißt ihnen der Film,

und Monate später sitzen sie seibernd
im Rollstuhl und werden von einer
Hilfsschwester aus Taiwan im Park
hinter der Anstalt spazierengefahren,
karierte Wolldecke auf den Knien.

(Unser Patient knipst mit Todes-
miene zwei Legosteine immer wieder
zusammen und auseinander: einen
roten und einen weißen Vierer. Im Keller
liegt Doktor Mabuse festgeschnallt auf

der Folterbank und schreit ihnen sein
Testament ins Gesicht.) Und draußen
machen sie weiter, die Leute, auf die
vier, fünf Bier dieselbe beruhigende
Wirkung haben wie ein paar Reserve-

rollen Clopapier im Schrank: Die
nehmen ihnen die Angst vor der ganzen
Scheiße, die morgen wieder kommt.
Schwindlig wird mir bei Leuten, die
mich fragen: »Jaaah, aber was wäre,

wenn alle so denken würden wie Sie?«,
und ich kann wärmstens abraten
von Leuten, die mit dem knappen
Nicken am Müllschlucker auskommen
und sich ihre Emotionalität für die

Lichthupe aufsparen. Ich habe mir
nie was vorgemacht, was Leute betrifft,
und wenn ich sehe, wie sie die Beine
hochlegen, die Pulle ansetzen und
seufzen: »Was ist das schön, wenn der

Schmerz nachläßt!«, mache ich aus und
schlage den Kragen hoch. »Klar, Mann,
das Leben ist hart – aber noch härter,
wenn man bescheuert ist!« (O-Ton
Bogart in einem Brief an seine Mutter)

Die himmlischen Abenteuer von Mr. Alka Seltzer

Die Zeit heilt alle Kunden
Spruchweisheit im Fahrstuhl eines
Frankfurter Stundenhotels

1.

Wieder so ein Sonntagmittag, wo ich nur aufstehe,
weil ich vom Bett aus
nicht an die Packung mit den sprudelnden, analgetischen,
alkalisierenden Tabletten komme.
Mein Spiegelbild sagt's, wie's ist: Haare fettig,
abgestandene Fahne und gelbe Augäpfel,
in denen man die kleinen geplatzten Äderchen sieht.

2.

Muß ich lernen, mit einem Gesicht zu leben, das
bei polizeilichen Gegenüberstellungen
unweigerlich jedesmal als Der Mann identifiziert wird,
der Das Mädchen hinterm Bahndamm
angefaßt hat? Einer von diesen armseligen Typen,
die sich gern in der U-Bahn
entblößen, weiten Trenchcoat an und nix drunter –
außer Sockenhalter,
wenn sie auf Alte Schule machen ...
Warum kann ich nicht
wenigstens das zu früh rausgezogene Polaroidfoto
eines sympathischen jungen Mannes sein,
wie ihn sich im Herzen jede Frau wünscht? So 'n Mann,
der aus-drück-lich
Jockey verlangt, weil alle anderen kneifen.

3.

Erst als das Wasser endlich kocht und der Schuß
Büchsenmilch sein Ziel
gefunden hat am Boden meiner Tasse, in dem Gewirr
spärlich beleuchteter Seitenstraßen,
wo sich Mafiosi mit schwarzweißen Schuhen
in Hauseingänge drücken
und zurückfeuern, geht mir auf, daß kein Teebeutel
mehr da ist –
Okay, sage ich mir, das kommt davon!

4.

Da liegt dieser Brief auf dem Tisch, zähneklappernd
nach einer langen Nacht,
allein verbracht, wie ich, zwischen schwitzenden
Käserinden und Flaschen,
aus denen das meiste raus ist. Sechs Wochen ist es her,
seit ich ihre Handschrift
das letzte Mal gesehen habe, auf dem Zettel,
als sie abgehauen ist:
»Das ist ja langsam nicht mehr wahr, was du hier machst!
Ich fange neu an,
mit Detlev!« Und sarkastisch darunter: »Ach ja,
Essen im Kühlschrank!«
Sie schreibt *Mir-geht-es-gut-wie-geht-es-dir*, aber
der unfreiwillige Wermutstropfen
ist der Hauch von Zahnfleischbluten um die
Briefmarke herum: Das ist
die grimme Geißel des Skorbut, wie in den alten
Errol-Flynn-Piratenfilmen,
die sie für erstunken und erlogen hält. Hoho,
Störtebekers dreckige Lache
geistert noch immer über die Sieben Meere.

5.

Auf dem Thunfischteller von gestern abend sind
genau vor meiner Nase zwei Fliegen
am Vögeln. Mit der geballten Faust schlage ich drauf
und weiß dann nicht,
wo ich sie hinschmieren soll. Als ich aufstehe
und ans Fenster trete,
ist es auf einmal Mai – »Wie die Zeit vergeht,
wenn man sich gut amüsiert!«
Gierig trinke ich die warme Sonne, wie einen
tiefen Zug Bouillon
aus einer Thermosflasche, in der das Glas zerbrochen ist.

6.

Später ein Spaziergang im Park, das bringt mich
auf andere Gedanken ... Denkste!
Da liegen Mädchen in knappen T-shirts auf dem Rasen,
ganz locker hingegossen
zwischen der Hundekacke: Panik bei der Kripo!
Ein Irrer hat telefonisch
angedroht, das Trinkwasser der ganzen Stadt
mit Spanischer Fliege zu versetzen,
falls die verantwortlichen Herren vom Wasserwerk
es bis *Bonanza*
nicht von sich aus tun ... (Jaa-ha-ha, ICH bin
dieser Irre, und es ist
meine Gute Tat für heute, meine verdammte Pflicht
und Schuldigkeit
als Mitglied dieser Gesellschaft hier – einer Gesellschaft,
die Menschen mit Öffentlichen Bedürfnissen
noch immer
in schlechtbelüftete »Anstalten« abschiebt.)

7.

Wenige Milligramm dieses Aphrodisiakums im Kaffee
eines gemütlichen Gartenlokals –
und blanke Wollust peitscht die harmlosen Ausflügler
zur Besinnungslosigkeit:
Speichel tropft, als Jung und Alt sich gegenseitig
die Sonntagsklamotten
vom Leib reißen und sich in die Büsche
hinterm Parkplatz schlagen,
wo Traum und Wirklichkeit eins werden: Die Erde bebt,
die Justizpaläste stürzen
in Schutt und Asche . . . (Der Rest ist Geschichte.)

8.

Ich komme unten in den Flur, und die zackige
Hausordnung steht auf Posten
neben den Briefkästen, wo im Lacksockel
dicke Macken sind,
weil noch keiner sein Sofa um die Ecke gekriegt hat.
Die fünf Etagen
wimmeln von Guten Nachbarn, die ihre Kippen
auf die Treppe werfen
um zu kontrollieren, wie lange nicht geputzt wird –
und für diese Menschen
spiele ich
den Amor im Muckefuck: Vergebliche Liebesmüh!

9.

Während ich den Schlüssel ins Loch stecke, schießt es
mir durch den Kopf:
»Vielleicht heute!« – aber dies ist wieder mal nicht
der Streifen, wo die Nymphomanin
im lila Kimono auftaucht, die mich mit Brot und Salz

empfängt wie den Gasmann
und mir erlaubt, ihr Badewasser auszutrinken.

10.

Nein, hier wartet niemand, daß ich komme, bloß
der Brief mit den zwei
toten Fliegen drauf. Was kann ich schon anderes tun
als unter mein Kopfkissen langen
und sie rausziehen, ihre kleine gelbe Socke,
mit der sie sich
unsere erste Liebe abgewischt hat ... Ganz steif ist die
und gelb wie Lamarotze, gelb wie
die dampfenden Löcher alle paar Meter neben dem
Kriegsgefangenentreck,
der sich Richtung Novosibirsk wälzt.
(Das ist natürlich
eine andere Geschichte – alles zu seiner Zeit!)

11.

Die Kinoauskunft sagt, es läuft *Heißer Mund auf
feuchten Lippen*, und das
hat mir gerade noch gefehlt! Jetzt tritt eine Flasche
Bacardi in mein Leben,
und *mir-geht-es-gut*, bestimmt so gut wie ihr,
als sie mit dieser Zunge,
die mich bis in den Schlaf verfolgt, an meiner
Briefmarke geleckt hat ...
Wenn das alles ist, was du noch für mich übrig hast,
sollst du in Gottes Namen
glücklich werden auf der Sprungfedermatratze
deines HiFi-Fanatikers
mit dem 180er Diesel und der kleinen Schwäche
für Dixieland! Ich wette, der hat dir
endlich erklären können, was ein Kolbenfresser ist.

12.

Der Rum schmeckt am besten, wenn man im Dunkeln
auf dem Bett liegt, und
aus den offenen Fenstern hallt der Krimi im Hinterhof.
Allein saufen schön und gut, aber
Vorsicht: Bloß jetzt nicht den Moralischen kriegen,
denn ich weiß, verflucht,
ich muß morgen früh raus – und wer kennt nicht
das höllische Ticken des Weckers
im ersten Licht des jungfräulichen Tages,
wenn der Rausch
endgültig und gnadenlos in den Kater umschlägt!

Der Mai ist verkommen

Der Anfang paßt wie die Faust aufs Auge:
Es war einmal ...
Ein unfrei verschicktes Müllpaket
an den Präsidenten des Arbeitgeberverbandes,
eine Stinkbombe im Lüftungsschacht vom Finanzamt,
eine Viereinhalb-Kilo-Trommel Omo
in den Brunnen vorm Rathaus gekippt.
(»Dazu 'ne Handvoll Kaliumpermanganat, Mann,
und morgens ist die ganze Kreuzung dicht!
Lila Schaum, der mehr und mehr wird,
durch jede Ritze quillt er:
Die Banken, die Bullen, die Bürokratie –
alles liegt lahm, und der Zivilschutz
verteilt Taucherbrillen mit Schnorchel
in einem aussichtslosen Versuch,
die Situation in den Griff zu bekommen ...«)

Das alles war lange verschüttet, ich geb zu,
manchmal hab ich selber nicht mehr dran geglaubt:
»Spontaneistischer Schabernack!«
»Klamauk, der verpufft!«
»Wo bleibt denn da bitteschön die Basis?«
Dann finde ich mich Jahre später
am 1. Mai auf der Demo wieder, eingekeilt
von einem Block gewerkschaftlich orientierter
Pragmalinker, die völlig verbiestert
was von »Recht auf Arbeit« schreien.

Ihre Spruchbänder stoßen Die-da-oben
mit der Nase auf die gesetzliche Verankerung.
Ich habe einen flashback
zu der unverputzten Backsteinmauer
mit der Parole: »Lauf, Genosse,
die Alte Welt ist hinter dir her!«,

und wie ich mich umdrehe, geht mir auf:
Da ist sie! Liest »uz« und meint es ernst.
Im Laufen kommen mir die brennenden Müllcontainer
hinterm IBM-Verwaltungshochhaus
wieder ins Bewußtsein:
Was gemeint war als Fanal,
ist das jetzt bloß noch kalte Asche?

Nach diesem Erlebnis am Tag der Arbeit
kann ich nur schwer einschlafen –
Dann wandere ich endlos über dünnes Eis,
einen Eimer Waschpulver an der Hand,
und weit und breit kein Land in Sicht.
Irgendwann stoße ich auf verwehte Spuren:
Das sind meine eigenen Stiefel,
und da liegt auch der kaputte Kompaß!
»Du bewegst dich im Kreis«,
ist mein letzter Gedanke . . .

Ohrenbetäubender Lärm auf der Straße
weckt mich – was ist denn jetzt passiert?
Ich taumele zum Fenster: N-E-I-N!
Spinne ich denn?! Endlich! Endlich! Die Basis
hat die Zeichen verstanden! Sie handelt!
Ein halbes Dutzend Arbeiter mit blanken Torsos
beweisen: Die Saat ist aufgegangen!
Mit ihren ratternden Preßlufthämmern sind sie
im Schweiße ihres Angesichts
Vollstrecker der subversiven Poesie!

Sie brüllen einander Witze ins Ohr,
lachen, saufen Bier wie die Weltmeister,
und dabei reißen sie das Pflaster auf, reißen es
einfach auf, und basta! Mensch,
das ist kein Furz im Kopf – das ist Die Praxis!
Ich sehe mit eigenen Augen: Es ist wahr!
Unter dem Pflaster liegt der Strand.

So schnell bin ich noch nie die Treppe runtergewetzt.
Ich will die Ärmel aufkrempeln, zupacken,
will tanzen und feiern, dabeisein in dieser Stunde.
(»Sektkorken knallen, die Fete beginnt . . .«)
Aus der Haustür stürzend triumphiere ich:
»Macht kaputt, was euch kaputtmacht« –
Aber sie merken nicht, daß *sie* damit gemeint sind.
Dann komme ich an das Loch: Verdammte Schweinerei!
Mein euphorischer Jubel ist bloß noch
ein Kloß im Hals. Aus! Vorbei! Sense!

Dieser Strand hier ist authentisch,
liegt vor mir in Schwarzweiß:
Keine Spur von dem »befreiten Gebiet«,
das wir uns erträumt haben . . . Er ist übersät
mit Glasscherben und weggeschmissenen Colabüchsen,
und bis an den fernen Horizont
nix als tote Möwen und Pauschaltouristen,
die sich geduldig den Teer von den Fußsohlen knibbeln.
Dazwischen rudelweise Papagalli und nackte
kleine Jungs, die heulend ihre Mama suchen.

Auch mir steht jetzt der Schweiß auf der Stirn.
Die Arbeiter nehmen ’nen Zug aus der Pulle
und machen weiter: Die Preßlufthämmer
reißen den Strand auf –
Und was gibt’s da noch viel zu erzählen?
Unter dem Strand liegen natürlich die Rohre
mit der ganzen Scheiße drin,
und dann kommt das vierdimensionale Nichts,
das frischgebohnerte Nada . . .
Das ist für heute soweit alles
zur subversiven Poesie in den Städten
und ihren Agenten der Stirn und der Faust.

Es stellt sich raus, die Männer machen das alles,
weil Die-vom-Tiefbauamt irgendwas vorhaben
und weil zu Hause Frau und Kinder
was zu beißen sehen wollen, und Holz für den Winter.
Keine Diskussion – sie tun nur ihre Arbeit.

Ich trolle mich zurück in die Wohnung
um nachzusehen, was so im Kühlschrank los ist.
Erst mal frühstücken, denke ich mir,
ein Quarkbrot mit Vierfruchtmarmelade,
so ganz von dieser Welt –
das bringt dich wieder auf den Teppich!
Sekt gibt es keinen: Die Zeit ist noch nicht reif,
aber statt dessen könnte ich vielleicht mal
Socken waschen und das nicht auch
auf *nach-der-Revolution* verschieben.
Fragt sich bloß, ob da überhaupt noch ein Rest
Omo im Eimer ist . . .

Und da fallen mir die prophetischen Worte ein,
die ich irgendwann mal beim Arzt
in der Leserecke einer zerfledderten
Hausfrauenzeitschrift gefunden habe, ich zitiere:
»Im Zweifelsfall lassen wir das Pflaster
lieber einen Tag länger drauf,
sonst reißen wir die alte Wunde wieder auf.«
Jeder veröffentlichte Tip wurde mit 20 Mark belohnt,
wenn mich nicht alles täuscht.

Was lange gärt

In jener verzweifelten Lethargie (halb Desperado, halb Fatalist), die zu nichts entschlossen ist, also zu allem, hockt die Spannung für ein doppelgestrichenes Falsett. Wenn man es hört, ist es, als müsse einem endgültig alle Geduld reißen.
Walter Serner

Auf den Chefetagen wird siedendes Pech bereit-
gestellt, und die Bordelle schieben Doppelschichten.
Tollwütige Ratten streichen ums Ohnsorgtheater.

Der Herr Bundeskanzler entkommt im Kostüm eines
bekannten französischen Diktators mit acht Buchstaben
auf einem Hundeschlitten. Wochen später finden Putz-

frauen eine unbekleidete Männerleiche im Séparée
einer Pariser Transvestitenbar. Eine Hähnchenkeule
ragt aus ihrem Hals – Mord oder Selbstmord?

Hollywood wittert den Stoff für einen neuen Kassen-
schlager (»Wildgewordene Werwölflinge«). Priemende
Volkssturmveteranen verteilen Zyankalikapseln

an jeder Haustür, auf Fragen bloß ein unwirsches
»Schnauze halten!« Panikkäufe in Schmalzkonserven.
Das Vieh verendet brüllend in den Stallungen,

die Euter prall geschwollen. Alle Radio- und Fernseh-
stationen sind gesprengt oder strahlen *Popeye* im
Original aus. Der Heilige Stuhl droht mit einer

scharfen Enzyklika (»Und es bewegt sich doch nichts!«).
Die Börse reagiert nervös wie immer. Es stand im
Spiegel. Es ist Mittwoch, und der Himmel ist schwarz

von Fahnen ... Ein paar Großaktionäre jubeln es gerade im Massagesalon *Bangcock* an die Reistapete, als die Nachricht sie trifft. Wer den Infarkt über-

lebt, schleppt Sandsäcke, damit es die Kinder mal besser haben. Dann tauchen wir auf. Von der Barrikade unten an der Commerzbank kommen uns drei Männer

entgegen, bis an die Zähne bewaffnet. Ihre wirren Bärte sind grau vom Staub der berstenden Paläste, ihre zerschlissenen Blaumänner werden nur durch

kreuzweise um die Brust geschlungene MG-Gurte zusammengehalten ... und in ihren Augen das wilde Lodern der Anarchie! – Aber das darf doch nicht

wahr sein, so was nennt ihr Barrikade? Das ist bloß ein umgekippter Schulbus, in dem noch der fette Fahrer sitzt! Er ist der Mann von der Straße. Er ist

sehr freundlich und ruft uns hin und wieder knifflige Fragen aus seinem Kreuzworträtsel zu. Sonst hält er sich am liebsten aus allem raus (er hat Familie).

Ich muß meinem toten Vater die Finger brechen, um den Karabiner aus seinem Griff freizubekommen. Mein erster Treffer ist ein Bursche mit Gasmaskenbrille,

der aus einem Kellerloch eine Bazooka auf unseren Bus feuern will. Der Fahrer sieht von seinem *Wochenend* auf und bietet mir ein Stück Kalte Hundeschnauze

in Stanniolpapier an. Da kommen auch die drei Arbeiter zurück, glattrasiert und rosig. Sie tragen jetzt ihre Börsenanzüge und haben die lästigen MG-Gurte an

der Theatergarderobe abgegeben. – Ich höre, wie sie
sich in Quoten unterhalten, und erkenne plötzlich
das schwarz-rote Halstuch des Typs mit der Bazooka:

Ich trage es selber! Es ist Sonntag, und der Himmel ist
silbrig von Kamikazemaschinen. Ich springe »Scheiße«
schreiend auf und jage im Zickzack über die Kreuzung.

Bremsenquietschen! Zwei Garben treffen mich gleich-
zeitig in Brust und Rücken, ich presse meine Hände
auf den Bauch: Die blutigen Därme quellen mir durch

die Finger. Da hamwe den Salat! Ich stürze auf den
Asphalt, übersät mit Granatsplittern: Ein metallisches
Geräusch, als hätte ich die Taschen voller Silberdollars.

Also doch ein Agent provocateur der CIA? Wodka-
gläser klingen. Ganz weit weg höre ich jemanden
auf chinesisch wimmern: »Velfluchte Schweinelei,

einel muß es seinem Mädchen beiblingen« »Ihr ...
... könnt ... mich nicht ... treffen ... ich ... ich bin ...
un ... sicht ... bar!« keuche ich, schließe die Augen und

träume von einer Weißen Weihnacht. Das macht das
Fieber! – Nachtschweiß am Körper getrocknet sagt mir
die Wahrheit über mich selbst. Ein offenes Geheimnis

wie ein ungemachtes Bett am Mittag ... BH auf dem
Boden, Rollo halb offen, halb zu. Das kann alles
bedeuten. Oder nichts. Als ich die Augen aufschlage,

sehe ich eine schmale Schneise, zwei Hüften breit,
die vom Feldweg ins Korn führt: Ein kleiner Hoffnungs-
schimmer! (Wie die grellbunten Titelbilder dieser

türkischen Tittenmagazine am Bahnhof, auf denen
die Welt noch in Ordnung ist, in der Horizontalen.)
Aber hoppla, da lugt ja schon das Bein vor, in der Hitze

blauschwarz verfärbt wie das mattglänzende Blei
eines 7.65er Polizeigeschosses. Daher also die Geier!
Ich rolle mich von der Matratze und weiß genau, jede

frische Unterhose ist ein absurdes Ja zur freiheitlich-
demokratischen Grundordnung. So ein Gefühl, wie mutter-
seelenallein in der Badewanne sitzen, und das Wasser

wird langsam kalt. Der schale Rest Bier in der Flasche.
Hose runter! Ja, das ist die Wahrheit über mich selbst,
wie sie mir überall entgegenlacht – auch unter

der Maske des stinkenden Frühstückseis, in dem
der Schnabel schon hart geworden ist. Und wenn
stimmt, was man liest, sind die größten Revolutionäre

in diesem Land die Designer von Digitalarmbanduhren.
»Jede Gesellschaft kriegt die Revolutionen, die sie
verdient« ... Mensch, wie lange soll das noch dauern?

Ich kann sie kaum erwarten – diese blutigen Tage
gleich nach Weihnachten, wenn das Volk sich erhebt wie
ein Mann (»Allons enfants!«) und die Warenhäuser stürmt,

um die Geschenke umzutauschen. Da sind sie endlich,
die entfesselten Massen der Lohnabhängigen: Sie
schlagen los, und kein Stein bleibt auf dem anderen.

Kommt, darauf müssen wir einen trinken! Ich gehe
rüber zur Musikbox und brauche nicht lange zu suchen:
Die Internationale ist K14. »Und jetzt alle!« Es ist

Zahltag, und der Himmel ist rosa von Flamingos, und auf einmal ist das Leben wieder soo süß! So süß wie Schluckimpfung. Süß wie der Tod . . . fürs Vaterland!

Paternoster im November (Abwärts 1, 2 & 3)

dpa. London, 26. 4. Der 35jährige Dichter Rolf Dieter Brinkmann (»Die Umarmung«) ist in London von einem Auto überfahren worden. Er starb.

– BILD-Zeitung

1.

Dieses Gedicht ist trostlos
Wie ein Autobahnschnitzel
Kurz vor Frankfurt am Main

Dieses Gedicht ist künstlerisch wertvoll
Wie ein sehnsüchtiger Filmkuß
Gespielt von Clark Gable und Rita Hayworth
Und genauso selbstverständlich
Wie der Schlüssel unter der Fußmatte

Dieses Gedicht geht unter die Haut
Wie die markerschütternden Schreie
In den kahlen Räumen
Die ein kleines vergittertes Fenster
Und keine Türklinke haben

Dieses Gedicht irrt ziellos durch die Nacht
Einer schäbigen mexikanischen Grenzstadt
Wie die einsamen Querschläger
In einem späten Western
Mit deutschen Untertiteln

Dieses Gedicht lacht am längsten
Wie der dummdreiste Millionenräuber
Mit seiner Luger aus Kernseife
Wenn er vom Bordell aus

Die Passage nach Montevideo bucht
Und dann seine dicke Zigarre
Auf der vollbusigen Mulattin ausdrückt

Dieses Gedicht ist geladen mit Sex-Appeal
Wie die Doppelripp-Damenschlüpfer
Auf dem Wühltisch im Ausverkauf
Und so kopflos
Wie der blinde Aktionismus
Von Sperma unter dem Mikroskop
(Aber es kann genauso wenig
Aus seiner Haut raus)

Dieses Gedicht kann man glauben oder nicht
Wie die haarsträubende Lebensgeschichte
Des Zeitschriftenwerbers
Mit dem Fuß in der Tür
Von dessen Provision drei Generationen leben
(Die Kinder knabbern sich das Schwarze
Unter den Nägeln weg
Und seine Frau treibt der Trunksucht
In die offenen Arme)

Dieses Gedicht grinst unergründlich asiatisch
Wie die spottbilligen Läusekämme
Die den nordamerikanischen Markt überschwemmen
Hergestellt aus den streng geheimen
Leichtmetallegierungen
Abgeschossener B-52-Bomber

Dieses Gedicht ist schlüpfrig
Wie 'n Interruptus
Und expressionistisch
Wie die Röntgenaufnahme des kleinen Jungen
Der eine Babyzelle aus seinem Spielzeugpanzer
Verschluckt hat

Dieses Gedicht hat staunende große Kinderaugen
Wie ein japanisches Transistorradio
Mit Mittelwelle und UKW
Das im achten Stockwerk
Durch die Thermopanescheibe geflogen kommt
Und den Diskothekenhit dieses Sommers plärrt
Bis es auf dem grauen Dach
Eines Standardkäfers zerschellt
Der in der zweiten Reihe geparkt hat
Weil der Fahrer bei Salvatore
Eine Pizza zum Mitnehmen holt
(Salami & Peperoni)

Dieses Gedicht ist skrupellos kommerziell
Wie ein Kanzlerkandidat
Auf der Suche nach einem Image
Das sich verkauft
(Sie haben ihm eingebleut, er soll lächeln
Auf den Plakatwänden, läää-cheln!
Was von ihm ausgeht
Ist die spröde Herzlichkeit
Eines Werbegeschenkes
So 'n Kuli
Der nach drei Tagen ausläuft
Und alles versaut)

Dieses Gedicht schildert das Leben
Mit der Unentrinnbarkeit ausgehängter Clotüren
In einem Internat für Mädchen
Irgendwo im Hochschwarzwald
Und es ist wie geschaffen
Zum Aufsagen unterm brennenden Weihnachtsbaum
Wenn das Christkind fahrig
Eins-eins-zwo wählt und nicht durchkommt

Dieses Gedicht ist nostalgisch
Wie ein Amulett
Mit einem winzigen Foto
Von James Dean's zerschmettertem Porsche drin
Und guckt so unschuldig aus der Wäsche
Wie der Apfel
In dem noch die hintere Hälfte
Von dem Wurm zuckt
Während du den süßen Saft
Des ersten Bissens runterschluckst

Dieses Gedicht ist für die Ewigkeit gemacht
Wie die Blutgruppentätowierungen
In den Achselhöhlen der SS-Leute
Und reißt dich aus deinen Träumen
Wie der Fremdenführer in der Tropfsteinhöhle
Der die phantastischen Formen erklärt
(Dort drüben die Laokoon-Gruppe
Und weiter rechts
Schneewittchen und die Sieben Zwerge)

Dieses Gedicht ist so spannend, daß es wehtut
Wie diese Thriller
Um viertel vor elf im Dritten
Nach denen man einen Schuh unters Bett schießt
Und sich erst reinlegt
Wenn er mit sattem »Klack«
An die Fußleiste geknallt ist

Dieses Gedicht knirscht hilflos mit den Zähnen
Wie die scharf konturierten
Weißen Stellen auf der Tapete
In den Spekulationsruinen des Sanierungsgürtels
Wo früher gerahmte Photographien hingen

Dieses Gedicht hat die Dramatik
Eines abgerosteten Auspuffrohres
Neben dem Ruhrschnellweg
Und ist so entwaffnend menschlich
Wie das, was in der Badewanne zurückbleibt

Dieses Gedicht weiß nicht, wie das alles
Weitergehen soll
Wie damals mein beinharter Bello
Der sich fragend am Venushügel
Meiner Foxtrottpartnerin rieb
Beim letzten Tanz des Schlußballs

Dieses Gedicht ist wütend
Wie das »Schlappschlapp« des Gummisaugers
Im verstopften Clo
Einer Absteige auf St. Pauli
Und abwaschbar
Wie die Wachstuchdecke
Auf dem Küchentisch des Engelmachers
Eine Straße weiter

Dieses Gedicht ist exotisch
Wie das vergilbte Pergament
Längst vergessener Friedensverträge
Im Kriegsmuseum
Und wird genauso seine Liebhaber finden
Wie die 84 Stahlmantelgeschosse
Die sie aus den noch warmen Leichen
Von Bonnie & Clyde
Geschnitten haben

Dieses Gedicht kann nix dazu
Wie die bleichen Kindergebeine
In den unterirdischen Gewölben
Mittelalterlicher Nonnenklöster

Dieses Gedicht atmet die zügellose Romantik
Einer Pferdemetzgerei
Draußen in Clichy
Und ist so herrlich blasphemisch
Wie ein künstlicher Darmausgang

Dieses Gedicht ist ein Kind seiner Zeit
Wie die automatischen Türen
Am Cash-'n'-Carry-Einkaufszentrum
Deren ganzen Segen
Viele erst relativ spät im Leben erfassen
Wenn sie einen knallrot lackierten Gartengrill
Und 20 Kilo Holzkohle im Partysack
Vor dem Bauch haben
Und raus auf den Parkplatz wollen

Dieses Gedicht ist so qualvoll lang
Wie die traumatischen Sekunden
Wenn man mittendrin aufhören muß
Um sich den Pariser drüberzurollen
Aber es spielt mit offenen Karten
Ehrlich und geradeaus
Wie die Schlußakkorde von Pete Townsend
Auf *My Generation*
(»People try to put us d-down
Just because we g-get around«)

Dieses Gedicht ist so ratzekahl leer
Wie die Blumenbeete im Kennedypark
Wenn es hell wird am Muttertag
Und in seiner Art liebenswert
Wie die Schauermärchen von den Chappidosen
Hinterm Chinarestaurant

Dieses Gedicht hat dasselbe edle Ziel im Auge
Wie die Kinder in der Badeanstalt

Wenn sie in dem eiskalten Wasser
Pipi machen
Eine kleine Zone menschlicher Wärme
So vergänglich sie auch sein mag

Dieses Gedicht ist die Antwort
Auf deine Letzten Fragen
Wie die knusprig braun gegrillten Arschlöcher
Der Brathähnchen im *Wienerwald*

Dieses Gedicht sieht dich an
Mit den lebensmüden leeren Augen des Bücklings
Wenn du ihn aus dem Zeitungspapier wickelst
(Den hat auch keiner gefragt
Ob er sich das so vorgestellt hat)

Und dieses Gedicht hat kalten Schweiß auf der Stirn
Wie die Paraffinbecher mit den Vanilla Shakes
Bei McDonald's auf der Hohen Straße
In Köln, einen Steinwurf vom Dom
Wo Brinkmann seine letzten Gedichte
Auf das fettige Papier eines Cheeseburgers
Gekritzelt hat
Gedichte, einfach wie Songs
Wie eine Tür aufzumachen

P. S.: Dieses Gedicht
Vernichtet sich selbst
In fünf Sekunden

2.

»Komisch«, sagt er
»wenn ich Freiheit höre, denke ich sofort
an die Mustangs in den *Misfits*
(*Nicht gesellschaftsfähig* in Deutschland),
die waren noch wirklich frei, was –
Keine Kompromisse!

Den ganzen Tag rennen die
über diese endlos weite Prärie da:
Nie 'nen Sattel gespürt, keine Eisen an den Hufen
& die Mähne flattert im Wind . . .

Schon gut, ich weiß ja,
dann ist der Film gelaufen
& sie werden von Montgomery Clift und Clark Gable
mit dem Pickup zu Tode gehetzt
und an die Hundefutterfabrik
verscheuert . . .«

***

Der Schauplatz wechselt & wir sind im Zoo
ein netter Nachmittag für Groß und Klein

Sieh dir den Tiger an
wie er rastlos & mit flackernden Augen
an seinen Gitterstäben entlangstreicht
die paar Meter immer hin und her

& jetzt achte auf das kleine Mädchen
das ihm ein wenig ängstlich lächelnd
eine geröstete Erdnuß
in den Käfig wirft,

als Geste des guten Willens
so linkisch wie das welke Stück Kopfsalat
neben der Mensafrikadelle: Feigenblatt
eines sterbenden Planeten

***

»Unsere Welt steckt voller Probleme«,
tönt die Esso-Werbung, »packen wir sie an!«

Die Petrochemie hilft uns
so gut sie kann, es heißt:
Gummi ist die Antwort!
Gummibärchen
Gummibaum
Gummiadler
Gummistiefel
Gummiknüppel
Gummiparagraph
Gummizelle

Wir ohne Gummi? Das geht unmöglich gut!
Da liegt unsere Zukunft, in Gummi, der Mensch von morgen

am Morgen
glitschig unterm Bett
hingeschmissen und total vergessen
wird ranzig und stinkt
zum Himmel

Die Zukunft des Menschen, zum Greifen nah:
Packen wir sie an – und weg damit!

***

Erstes Erlebnis:
Der Attaché-Koffer Marke Samsonite
in der New Yorker U-Bahn
war an das Handgelenk des Mannes gekettet
(vermutlich vollgestopft mit Lösegeld
in dezent markierten Scheinen)

***

Zweites Erlebnis:
Die Zebrastreifen in der Londoner City
die mit lakonischem understatement
die gesellschaftlichen Zwänge weitergeben:
»LOOK RIGHT«
steht da auf dem brutalen Asphalt

Was in deren Augen »RIGHT« ist, weiß ich
& so wie ich aussehe
die alten blauen Wildlederschuhe & der Koffer hier
mit der Olivetti & 'nem T-shirt zum Wechseln –

Das ist ja so »WRONG« wie im Struwwelpeter

Seit ich kapiert habe
daß das 'ne Drohung sein soll
bin ich verdammt vorsichtig geworden
beim Überqueren der Straße!

Auch für so was gibt es Spezialisten
in einer Stadt wie London:
Er liegt rauchend auf dem Bett
in einem schmuddeligen Hotelzimmer in Bayswater
und wartet auf den Anruf

& wenn er den Auftrag übernimmt
bleibt der Yard garantiert raus aus der Sache:
»Es wird wie ein Unfall aussehen . . .«

***

Drittes Erlebnis:
Das eiskalte Klirren des Leichenbestecks
unten in der Pathologie:
Ihm verdanke ich
den richtigen Biß für diese Gedichte
gewidmet all den Kamikaze-Piloten
die sich in Kellerkinos rumdrücken
& sich Flickerfilme ansehen
und hoffen, ehe sie in den großen Schlaf fallen
den Schrei
des Schmetterlings zu hören

Was sie alle Tage haben können, ist das Brummen
der Neonanzeigetafeln
im Automatenrestaurant
& nachts, wenn sie wachliegen
und an die Decke starren
AFN oder Polizeifunk: Da kommen poetische Einsichten
wie aus der Pistole geschossen!

Reifenstecher sind unterwegs
gibt die Zentrale gerade durch
Das ist noch nicht die Nacht der Langen Messer
aber immerhin ...

Der Ravachol des Kleinen Mannes
tut, was er tun muß
in dieser Stadt, in der ich lebe
und arbeite – gefangen im Niemandsland
zwischen der Großen Kalten Wut
und der Panischen Resignation

3.
Die Panik der Meinungsforscher und Intensivstationen.
Ellenbogenpanik, Panik am Stammtisch, die Neue Panik
in der Familienpackung. Die Panik der gespielten

Orgasmen und unbekannten Soldaten. Panik im Radio
und am Fließband, Panik auf Fahndungsplakaten, Panik
in der Muttermilch. Die Panik der Fertiggerichte

und die Panik der unbegrenzten Möglichkeiten. Klein-
bürgerliche Panik trägt einen Schlips mit Gummizug.
Die Panik der kranken Schwulenwitze und die Panik

der kaputten Fernsehapparate, wenn wir im Endspiel
sind. Hundepanik unterm Schuh. Die todsichere Panik
gegen Haarausfall oder Ihr Geld zurück! Panik, die

aus den Fabrikschornsteinen quillt. Diese Panik ist
auch mono abspielbar. Die Panik der Kreditkarten und
Talkshows, Panik 23. Zentralbeheizte Eigentumspanik

in bequemen Raten. Die Panik der glücklichen Kühe
und unbezahlten Überstunden. Hollywoodpanik. Die
Panik der Schokoladenonkels und Strafvollzugsbeamten.

Die Panik der Kalorientabellen und Schleuderpreise.
Panik for President! Die Panik auf Kaffeefahrten
mit Gelegenheit zum Erwerb einer Teflonbratpfanne.

Ejaculatio-praecox-Panik in Angora-Unterwäsche,
Panik im Beichtstuhl, alle Jahre wieder Panik beim
Ostereiersuchen. Schlechte Gewissenspanik. Die Panik

der geglückten Totaloperationen und die Panik, wenn
die Nummer von der Telefonseelsorge besetzt ist. Die
Panik des Nudelsalats in der Spülschüssel und die

Panik mit schiefen Absätzen. Panik hat Mundgeruch!
Rätsel: Was humpelt nachts über das nasse Kopfstein-
pflaster und pocht an jede Tür? (Fünf Buchstaben)

Die Panik der Stechuhren und die ausklappbare geile
Panik von nacktem Mädchenfleisch auf Hochglanz-
papier. Einmal Panik zum Mitnehmen! Valiumpanik.

Panik als Schlagzeile, Panik mit Sicherheitsgurten,
anonyme Alkoholikerpanik und überall die sehr po-
puläre Panik, daß der Schwanz zu kurz ist. Die Panik

der unbeschrankten Bahnübergänge, der Büroland-
schaften und Katerfrühstücke. Kennste Panik à go go?
Getrocknete Spermapanik im Pamkino. Fingerdick die

Panik der toten Fliegen auf der Windschutzscheibe.
Frisches Blut am Clopapier? Kein Grund zur Panik,
Mensch! Knall Panik zwischen zwei Buchdeckel und

du kriegst lyrische Metapanik, dabei ist es Panik hier
und heute, z. B. die Panik einer leeren Altbauwohnung,
wenn keiner mehr anruft. Panik ohne Frau im Bett

und Panik auf Korrekturfahnen. Dann Reiseübelkeits-
panik und jede Menge Panik in Uniform. Die Panik der
Wechselgeldartisten in ihren schwarzen Austintaxis.

Doncha panic doncha panic! Die abgeschmackte Panik
im Leitungswasser der Millionenstädte: Panik als
Inspiration. Fish 'n' panic, in den Daily Horror ein-

gewickelt. Am Ende die Neonpanik in der Desolation Row – und dann die klassische Panik der kreischenden Bremsen, die auch wissen, daß alles zu spät ist . . .

Panik, die in Form eines toten Dichters im Leichenschauhaus in der Schublade liegt. Nebel über der Themse, und auch Jack the Ripper macht weiter: Panik!

Vorsicht Rattengift

1.
Zwei Zimmer ohne Bad
Aber »zentrale Lage« (das Clo gleich eine Treppe tiefer)
Okay, das nehm ich, hab ich mir gesagt
Ich will ja nicht alt werden in der Bude!

Das kinderlose Ehepaar, das auszieht
Hat 29 Jahre hier gelebt
Motto: »Damals, gleich nach der Währung
Da war man doch dankbar, wemman so was kriegte«

Um die Lichtschalter herum ist die Tapete speckig
Der Zahn der Zeit (ein Comic von Crumb)
Sind das die Spuren von drei Jahrzehnten
Von all den abgegriffenen kleinen Scheinen, Ölsardinen
Weihwasser und Wundertinkturen gegen Glatze?
Ich ahne auch Spuren von Liebe
Dann kommen die Ehelichen Pflichten
Und oben drauf zu guter Letzt ein frischer Film
Rheumasalbe.

Die morschen Lampenkabel, geflickt mit Leukoplast
Zerbröckeln mir unter den Händen
Wie billig hingepfuschte Mumien im Tal der Könige
Und wo krieg ich jetzt den Saft für meine Birne her?
Ach nee! Die Frage kenn ich doch!
»Wenn wir nicht auf der Stelle
Zweiunddreißig Kernkraftwerke bauen
Gehen uns spätestens 1984
In der Lobby des Frankfurter Flughafenhotels
Die ShoeShine-Automaten aus«
(Wohin du auch kommst
Die Probleme unserer Epoche sind schon da
Und springen dir ins Gesicht wie Kilroy ...)

2.
Auf der Kellertreppe liegt ein Klumpen
Eingetrocknete Paste, türkis: welch seltsames Déjà vu!
Wenn ich's nicht besser wüßte, würde ich schwören
Das ist ein Stück Billardkreide –
Aber ach, ich weiß es besser: Rattengift!
»H. H. Simons & Sohn OHG
Staatlich geprüfter Schädlingsbekämpfer
Im Vergiftungsfall Vitamin K1 einnehmen«

Die Giftmischer wie immer im Dienste derer
Die ein Interesse haben
An der Konservierung des Status quo
Dabei weiß, wer ein Gespür für die Zeit hat:
Da ist nix mehr zu retten!
Der Tag wird kommen, wo den Ratten die Welt gehört
Und über so 'n Stück Billardkreide lachen die bloß

Das Treppenhaus ist eins von dieser Sorte
In denen wie zufällig immer das Licht ausgeht
Bevor man ganz durch ist
Das Geheimnis ist die willkürliche Brenndauer
Diese ständige Spannung, die Faust im Nacken
Das verrät die Hand des Meisters:
Hitchcock lebt
Und was Angstschweiß angeht
Ist das letzte Wort noch nicht gesprochen!

3.
Die erste Post an meine neue Adresse
(Ein Briefkasten aus eloxiertem Blech
Unten links die Ecke aufgebogen)
War meine Kopie des Mietvertrages:
Bei meinem Einzug hat die Miete sich fast verdoppelt
Oder ist, wie man sagt, der übrigen Wohnsubstanz

Der Innenstadt angepaßt worden
Der Halsabschneider preßt den letzten Pfennig raus
Und übers Jahr saniert er sich gesund
(»Schafft ein, zwei, viele niedliche Apartments!«)

Das Phänomen *7b Abschreibung* kommt mir in den Sinn
Muß ich mal aufgeschnappt haben
In einem von diesen Wahlkampfspots
»Die Bundesregierung informiert«
Es heißt, dafür trägt der Hauseigner auch das Risiko
Und da ist sicher 'ne Menge dran –
Wer weiß, wenn das so weitergeht
Wie lange er das noch tragen kann . . .

4.
»Ich hab nach der Sitzung noch 'nen Termin, Schatz!«
Sagt er am Telefon zu seiner Frau
»Schon gut, Männe, aber trink nicht so viel!«
Sie sieht sich den späten Krimi an
Dann geht sie ins Bett und schläft unruhig ein
Schon kurze Zeit später schreckt sie jäh hoch
Die Nacht ist pechschwarz:
Ein anhaltender Hupton ganz nah am Haus!
Männes Wagen steht vor der Garage
Der Motor läuft – sie stutzt und kommt näher

Ein spitzer Schrei entfährt ihrer Kehle:
Er ist nach vorn gesackt gegen das Lenkrad
Liegt mit dem Gesicht auf dem Hupring
Und zwischen seinen Schulterblättern
Ragt das Heft eines Fischmessers raus, eingraviert:
Arbeiterwohlfahrt Kantine

»Das ist der Weg, den alle Miethaie gehen!«
Steht auf dem Zettel
Den die Polizei hinter dem Scheibenwischer findet

5.
Ein einsames Clofenster (Milchglas)
Das hell wird lange nach Mitternacht, scharf gezeichnet
Die Kontur einer Dose ATA auf der Fensterbank:
So fangen oft tschechische Zeichentrickfilme an
Die die Entfremdung in den Städten geißeln
(Und dann *Themroc* im Hauptprogramm)
Ich benutze das Bild viel lieber
Als Einstieg in meinen näselnden Talkin' Blues
(»Well I woke up last night, thought I'd take a leak«)
Ich kenne nämlich den Mann, der da wohnt
Wir holen in derselben Kneipe Bier
Viel Wasser fließt den Rhein runter
Bis er das Licht endlich wieder ausknipst
Und die bange Frage steht im Raum: Hat er's geschafft
Oder das Handtuch geworfen?

Im Nebenhaus wohnt noch so 'n Mann
Dessen Geschichte ich kenne:
Der baut, wenn es abends nach Frost aussieht
Die 6-Volt-Batterie aus seinem alten Käfer
Und jede Wette, oben bei sich
Legt er die am Fußende von seinem Bett unter die Decke!
Schließlich ist er abhängig von dem Wagen
Denn da, wo er arbeitet
Fährt um die Zeit noch kein Bus hin

6.
Frau Pfeiffer (Parterre) ist zweiundachtzig
Und neulich habe ich sie ertappt
Wie sie nach dem Treppenputzen mit ihrem Aufnehmer
Die Hundepisse vom Sockel der Hauswand wusch
»Ach wissen Sie«, hat sie gemeint
»Das mach ich schon zwanzig Jahre so«

Wenn ich auch Grund zu der Annahme habe
Daß die Straßenköter am Ende
Den längeren Atem beweisen werden
Kann ich ihr das doch nicht unter die Nase reiben
Zwanzig Jahre ohne daran zu zerbrechen
Der Pisse Paroli geboten
Das erinnert an *Sisyphos* in der Taschenbuchausgabe
Mit vielen Ausrufezeichen am Rand

Die Frau hat so eine Art
Von ihren gefallenen Söhnen zu erzählen
Daß ich beschließe, mir einen Gummibaum zu kaufen
Damit ich ihr hin und wieder
Den Schlüssel anvertrauen kann zum Gießen

7.
Der alte Gasthof an der Ecke
Vor dem einst unter duftenden Linden
Dralle Rheinländerinnen Waldmeisterbowle serviert haben
Ist jetzt 'ne Türkenkneipe mit Neonschild *Ankara*
Von der Dortmunder Actien Brauerei
Im Fenster hängen kryptische Botschaften
(Schreiben für Insider? — das alte Dilemma . . .)
Aus der Fotografie schließe ich
Daß Samstag abend Zelda hier sein
Und nabelfrei tanzen wird für die Jungs

Dann strömen sie herbei wie magnetisiert
Nie weniger als sechs, sieben Mann
In einem waghalsigen Ford
mit abgelaufener TÜV-Plakette
Ich brauche gar nicht aus dem Fenster zu sehen
Diese Kisten erkenne ich
An ihren Fehlzündungen und irre mich selten

Die türkischen Muttis aus dem Viertel
Arbeiten fast alle in der Schokoladenfabrik:
Ein Fließband voll Mandelsplitterhäufchen
Die von Hand gewogen und abgepackt werden
(Das macht sie teuer und exklusiv)
Was viele nicht wissen, und andere totschweigen:
In jede zehnte Tüte rotzen die Frauen 'nen Gelben rein
Und fluchen auf anatolisch

Wenn du mich fragst
Ich würde mir nie Mandelsplitterhäufchen kaufen
Möchte sie niemandem wegfressen
Der sie eher verdient hat als ich!

8.
Das sind ein paar Geschichten über die Leute
Die zu meinem Viertel gehören:
Die alten Frauen mit den Propangaskochern
Die nachspielen, wie ihre Männer drei Jahre lang
Auf dem Sofa in der Wohnküche
Hüstelnd vor sich hin gestorben sind
Die Gelegenheitsarbeiter an der Theke
Die schon seit Monaten nix mehr gekriegt haben
Eigentlich seit der Zirkus weg ist
Die Türkenkinder mit ihren kahlgeschorenen Köpfen
Die den Spielplatz besetzt halten in dem kleinen Park
Wo die Madonna mit der appen Nase steht
Der Alte Sozialdemokrat
Der seine *Rote Hand* halbgeraucht ausmacht
Und den Neger in die Streichholzschachtel steckt
Und die hart schuftenden Familienväter
Denen wirklich keiner zugetraut hätte
Daß sie in der Abenddämmerung im Hof rumschleichen
Und feuchte Mädchenunterwäsche von der Leine klauen

Schließlich wären da noch die Studentenmansarden
In denen wir nach ein paar Flaschen billigem Rotwein
Und entsprechenden Diskussionen
Keuchend in den Clinch fallen

9.
Wo wir gerade von sozialen Randgruppen reden
Und von Ekstase:
Am anderen Ende der Straße
Stehen die toupierten Mädchen in ihren kurzen Röcken
Und gucken gelangweilt aus der Wäsche
Ihre Typen sitzen den ganzen Tag
Mit ihren Messerstecherkoteletten im Hinterzimmer
Und sind am Zocken
Seit ich gemerkt habe
Daß die Plättchen unter den Absätzen haben
Gehe ich nachts, wenn das Licht bei mir brennt
Bloß noch gebückt am Fenster vorbei
(Ist das der Instinkt, den man entwickelt
Wenn man hier überleben will?)

Während ich sie in meine Saga webe, fällt mir auf
Daß wir sie da alle auf einem Haufen haben:
Die Geschichtenerzähler, die Killer und die Nutten
Die drei ältesten Gewerbe der Welt

10.
Als ob noch 'ne Pointe drauf müßte, sei erwähnt
Daß gleich neben dem *Ankara* das Pfandleihhaus ist
(Vor der Tür an einem Laternenpfahl
Ein Bildzeitungsautomat angekettet)

Gibt einem so was wie Sicherheit, dieses Wissen
Da kann ich mir jederzeit, wenn's mir zuviel wird
Zwanzig Mark für meine Reiseschreibmaschine holen
Und ein neues Leben vom Zaun brechen!
Nicht oft findet man die alltägliche Wirklichkeit
Und die Fahrkarte nach Utopia
So dicht beieinander, fast Wange an Wange:
Das macht ihn wohl aus für uns alle hier
Diesen eigentümlichen Kitzel
Des urbanen Wohnens . . .

Wie mache ich aus einem unscheinbaren Feierabend einen scheinbaren?

Das Spiel wird wegen seiner Randexistenz gegenüber der erdrückenden Wirklichkeit der Arbeit als unwirklich empfunden, die Arbeit der Situationisten besteht aber gerade darin, die zukünftigen Möglichkeiten des Spiels vorzubereiten.

Situationistische Internationale Nr. 1

IST SO EIN TAG ÜBERHAUPT NOCH ZU RETTEN,
wenn man sich gleich morgens beim ersten Pinkeln
sein verkatertes Dingen im REISSVERSCHLUSS klemmt?

Schwacher Trost: Im Briefkasten sind endlich
die Anwerbebedingungen der FREMDENLEGION inklusive
Soldliste (»Keine Ausweispapiere erforderlich«) und

die Antwort eines ALTERNATIVEN LYRIKPERIODIKUMS
(das mittlerweile eingegangen ist). Sie schreiben
VIELEN DANK für deine Gedichte, leider haben wir

ein festes Thema für die nächste Nummer: »FREIZEIT«.
Wenn du willst, schick was dazu. Muß aber fix gehen!
DAS WÄR DOCH GELACHT – Ich reiße meine Olivetti

aus dem Koffer und kippe einen jener STÜRMISCHEN
BACARDIS, die mich immer so lyrisch stimmen ...
Warum nicht mal zum Spaß ein Gedicht schreiben

mit Einsendeschluß und vorgekautem Thema?
Merke: Ein Magazin, das das PHÄNOMEN »FREIZEIT«
beackern läßt, verrät eine Menge über den Stand

der LITERATURSCENE hier bei uns im Herzen Europas!
»Also ächt«, werden die sich gedacht haben,
»Literatur der Arbeitswelt okay, aber es gibt doch

noch was anderes, 8 Stunden sind kein Tag«: FREIZEIT,
schreibe ich, DAS IST DIE MÖHRE, DIE AN EINER STRIPPE
VOR DER NASE DES MAULESELS BAUMELT, wenn er bei

40 Grad im Schatten eine deutschstämmige Mittfünfzigerin
aus Ohio auf die Akropolis wuchtet ... FREIZEIT,
DAS IST DIE LEERE HOFFNUNG DER EWIGEN VERLIERER;

& von der »FREIZEIT« träumen, heißt die »ARBEIT« nehmen
wie sie kommt, also reinfallen auf die Strategie des
Feindes. (»Reden Sie nach Feierabend mal mit Ihrem

Allianzmann, eine LEBENSVERSICHERUNG nimmt die Angst
vorm Sterben!«) Draußen ist es kurz nach 12, & die
Stenotypistinnen feiern ihre Mittagspause mit einem

ROLLMOPS IN DER NORDSEE. Bei der Legion versprechen
sie mir als Sergeant der 13. Brigade in DJIBOUTI
monatlich 5089 francs in der Tüte, darüber hinaus

»mustergültige hygienische Einrichtungen«, jeden Abend
UMSONST INS KINO, das Glas Bier für 70 centimes &
natürlich pro Woche 'ne Stange GITANES MIT MAISPAPIER.

Das mache ich 15 Jahre und werde pensioniert,
kehre zurück wie Rimbaud, mit 40 KILO GOLD im Gürtel,
& wenn ich dann immer noch ans Schreiben glaube,

kann ich mir 'n Dictaphone leisten für meine Schtories
über die BUNTEN ABENTEUER IM LEBEN EINES MANNES ...
Kennste die von dem Kaffer, den wir uns gepackt haben

& bis zum Hals im Wüstensand eingegraben? Gesicht
mit wildem Honig bestrichen, und ich kann dir sagen –
DER SAH ALT AUS, als die Termiten mit ihm fertig waren!

Wenn ich ehrlich bin, pfeife ich auf das billige Bier
& die HYGIENE der zotigen Gemeinschaftsduschen, und
Abenteuer gibt's HIER BEI UNS IM DSCHUNGEL auch genug.

Schon mein Nachbar: Zu feige, mir in die Augen zu sehen,
wenn er »Tach« murmelt auf der Treppe, aber seinen
Kindern erzählt er, was für ein FAULES SCHWEIN ich bin,

weil meine Vorhänge noch zu sind und 'ne Platte läuft,
mittags, wenn er von der Frühschicht heimkommt –
KAPUTT WIE TAUSEND MANN, wie's im Volksmund heißt.

(Schätze, mit 62 schenken sie ihm ein Hörgerät mit
Gravierung: »FÜR VIERZIG TREUE ARBEITSJAHRE –
Die Direktion, der Betriebsrat und deine Kollegen«,

dazu ein unscharfes Foto in der Werkszeitung, auf dem
er vom Juniorchef 'ne DICKE ZIGARRE angeboten kriegt.
Tränen schnüren ihm die Kehle zu, als er »DANKE« sagt

bei der kleinen Feier in der Kantine, »DANKE FÜR ALLES«.
Aber mal halblang. Ich soll doch kein Gedicht schreiben
über die ROBOTEREI, DIE LÄUFT UND LÄUFT UND LÄUFT,

weil einem hier nix geschenkt wird (wieder Volksmund),
sondern über das, was hinterher kommt, FEIERABEND: Zeit
zum Nachholen, hier bin ich Mensch, hier darf ich's sein!

Die vielen KLEINEN DINGE, wenn es dunkel wird: z. B.
ein GUTES BUCH lesen, Hobbies pflegen oder den Kindern
MONOPOLY beibringen, dazu Salzstangen. (Die uralte

Formel, »Brot und Spiele«) Ein Bierchen in Ehren, und
FÜR SCHÖNE SEELEN Ikebana in der Volkshochschule.
Mein Gott! Nach des Tages Müh & Last ein paar Stunden,

die uns ganz allein gehören! Das sind die Stunden,
in denen wir tun und lassen, was uns paßt, die Stunden,
in denen wir ENDLICH FREI sind, selbst zu bestimmen,

was wir wollen: Windeln waschen, Aspirin & ins Bett
oder lieber das Kabel vom Toaster flicken ... Verdammt,
ich muß gerade über die LETHARGIE fluchen, ich hör doch

auch bloß SATISFACTION und dröhn mir einen an. Klar
bin ich nicht der Typ, der 40 Jahre die Knochen hinhält
und dann VORM KALTEN BUFFET NACH WORTEN RINGT,

ich jobbe sechs Wochen OHNE STEUERKARTE und kriege
Stunk mit den Gewerkschaftsfritzen, weil ich sage:
»Mir kommen die Tränen, Leute, Hu-ma-ni-sie-rung des

Arbeitsplatzes? Die Schlacht um das Recht auf Arbeit
ist Don Quixotes große Stunde! Mensch, DIE HEILIGE KUH
DER ARBEIT SELBER IST REIF FÜR DIE BOLZENSCHUSSPISTOLE!«

Damit sie meine Worte nicht vergessen, pinsele ich
bei Nacht & Nebel »ARBEIT MACHT BREI« übers Werkstor –
aber frag mal rum, diese INDIVIDUALCHAOTEN mit ihren

Schnapsideen sind für die Jungs keine Alternative ...
Der Kampf ums Überleben geht weiter nach der Parole
»HASTE WAS BISTE WAS« – Irrtum! Genau da liegt ja

der Unterschied zwischen FREI SEIN und FREI HABEN!
Die Diffamierungskampagne gegen Elemente wie mich
operiert mit dem Reizwort »ARBEITSSCHEU«, & den Schuh

zieh ich mir gerne an! Das hat so was von »scheues Reh«
& deutet auf gesunde Instinkte, »der schöne Wilde« usw.
Aber wenn es um DIE NEUE SPIELERISCHE WIRKLICHKEIT

DES TÄGLICHEN LEBENS geht, wieso hocke ich noch hier
& brech mir einen ab mit HALBHERZIGEN GEDICHTEN?
Zur selben Stunde durchschwimmen Greise den Ärmelkanal,

eine internationale Pfadfindergruppe bezwingt den
Fujiyama mit einer Hand auf den Rücken geschnallt, IN
TRANSSYLVANIEN WIRD ÄCHZEND EIN GENIE GEZEUGT.

Das ist überhaupt DIE IDEE, nur so kann aus dem Tag noch
was werden! Warum fange ich nicht heute an & versuche
mein Glück mit der Neubearbeitung einer klassischen

SITUATION: Ich gehe jetzt in die Drogerie an der Ecke,
verlange ein Paket PROPHYLACTICA, ergänze »feuchte«,
und wenn das Mädchen sie rüberschiebt, strahle ich:

Aaaah!
GENAU MEINE MARKE
&
à propos
haben Sie heute
NACH FEIERABEND
schon was anderes vor?

Für nichts und wider nichts

The lion tamer's whip doesn't crack anymore
The lions they won't fight and the tigers won't roar
Dave Davies

Und was zurückbleibt
im doppelten Boden meines Pappkoffers,
abgeschrappt, zerbeult unter dem durchgerittenen Bett
einer Pariser Absteige,
ist ein fast volles Röhrchen
Reiseübelkeitstabletten
Ich hatte mir noch soo viel
vorgenommen . . .

***

Das tägliche Leben fragmentiert
in antrainierte Routineverrichtungen
zur Aufrechterhaltung
einer grotesken Normalität
hoffnungslos
zur zweiten Natur geworden
wie der prüfende Griff an den Hosenschlitz
beim Verlassen des Kantinenclos – hier gespielt
vom Protagonisten eines Werkkreisromans.

(Als Willi Wacker
an diesem Tag nach Hause kam, konnte er nicht ahnen,
daß der Abend noch eine ganze Latte von
Überraschungen
für ihn parat hielt,
so in der 82. Minute,
als der Torhüter der deutschen Elf das Leder
direkt vor die Füße
des 34fachen italienischen Nationalspielers Di Lemma

faustete
und ZACK! war's passiert!)

***

Dann sitzt im selben Zugabteil wie ich
ein altes Ehepaar,
das sich mühsam durch Raum und Zeit schleppt.

Sinniert die Frau,
während sie mit einem Taschentuch auf dem Schoß
einen Golden Delicious schält:
»Nee, zurückfahren
ist ja noch langweiliger als hin!«
Was können wir
daraus lernen,
bezogen auf unsere aktuellen Probleme in der BRD
und Westberlin? Na klar:

KEIN ZURÜCK!

***

Und was sagst du zu den Schaufenstern
vollgestellt mit Preßspanmöbeln, die
auseinanderfallen, wenn man sie bloß

ansieht? (»Ist doch genau das Richtige
für 'ne Actionschlägerei zwischen
schlechtbezahlten Stuntmen!«) Auf dem

Nachttischchen Spenglers *Untergang*
des Abendlandes als zweibändige Buch-
attrappe . . . Und was sagst du zu den

Tausenden und Abertausenden von
Weihnachtsbäumen-mit-Kindern-davor,
die bis in den Mai hinein bei Photo

Porst über die Theke wachsen, im
fröhlich bunten Königsformat – unten
zuviel, und dafür fehlen die Köpfe ...

***

Wie meinte noch der Lasterfahrer,
der mich bis Hamburg mitnahm
und von seiner Kleinen in Paris schwärmte:
»Ich bin
immer unterwegs!
Was soll ich zu Hause rumsitzen
und warten,
daß ich dicke Eier kriege?«

Hinter uns im Kühlwagen baumelten
ausgeblutete Schweinehälften, die seiner Philosophie
eindringlich recht gaben:
»Wenn sie einen erst mal
so weit haben, ist sowieso alles
zu spät ...«

***

Der Mann im *Wort zum Sonntag*
jammert über die »gestörte Zwischenmenschlichkeit«,
aber ich frage mich:
Wen wundert das,
solange wir Kommunikationskanäle haben
wie den Spalt oben zwischen Trennwand und Decke
auf den Autobahnclos,
wo immer, wenn du gerade

die Hose runter hast,
einer den Kopf hochstreckt
und durch die Zähne pfeift,
und dann hält er eine Schachtel *Welthölzer* ins Bild
zum Größenvergleich
und lächelt verbindlich: »Nix für ungut,
aber ich geh da lieber auf Nummer Sicher!«

Die Predigt gipfelt in dem klassischen
»Liebe deinen Nächsten!« –
Ja, ich kann dir sagen,
hast du schon mal
im Kino neben einem kleinen Gangster
mit einem frischen, blutenden Bauchschuß gesessen
und nur die Hälfte von dem Streifen
mitgekriegt,
weil dieser Verlierer
einfach nicht aufhört,
dich wegen Tempotüchern zu löchern?

***

Und dann kommt Weiberfastnacht, und
die Sparkassenangestellten binden ihren
ältesten Schlips um, und in Bonn wird
ein neues Kabinett zusammengeschustert

(während Mitteleuropa unter einer im
Satellitenbild nur schwer erkennbaren
Hochnebeldecke liegt), und ich habe im
Supermarkt beim Berühren dieses kalten,

folienverpackten Zeppelins einen Anfall
von Bewußtseinserheiterung und kapiere
eigentlich zum ersten Mal so richtig
den Ausdruck »Beleidigte Leberwurst«.

***

Ich blicke von der Maschine auf
und komme mir vor
wie in einem dieser psychologischen Spiele
in Lesezirkelillustrierten
(TEST: Sind Sie eine Karteileiche?),
bei denen man sich zu einem Foto
selber eine Geschichte
ausdenken muß:

Die Geschichte
des Dichters, der aufhört,
der keine Bücher mehr sehen kann
und sie alle verbrennen will;
aber dann sagt er sich: »Moment mal!«,
packt sie in eine Kiste
und macht sie
der Bibliothek des Landeskrankenhauses
zum Geschenk –

Vor seinem inneren Auge
sieht er schon den begnadeten Schizophrenen,
der mit versteinerter Miene
ein paar Seiten aus der *Letzten Lockerung* reißt
und sie zerknüllt,
um sich das Blut seines Therapeuten
von der Hose zu wischen,
der im Flieder
hinter der Anstalt den Weg allen Fleisches gegangen ist.

***

Du setzt dich in deinen Käfer,
mit ein paar Blauen in der Tasche, und fährst los,
und schreibst von einer Autobahnraststätte

eine Ansichtskarte mit:
»Sucht mich nicht,
ich such euch auch nicht!«,
schlägst einen Haken und verschwindest irgendwo
hinter der Grenze

und fährst & fährst & fährst, und als du zu dir kommst,
stehst du gerade
in einem Selbstbedienungsladen und suchst
eine weiche Zahnbürste,
aber möglichst 'ne grüne –
und du merkst, daß es so auch nicht geht ...

***

Und die Genossen stehen weiter Abend für Abend
schwitzend in der Genossenkneipe,
zusammengepfercht
wie die müden Kumpels
mit dreckigen Gesichtern im Förderkorb,
gebündelt und in Kisten verladen wie die Gewehre
für die Aufständischen
in einem kritischen Fernsehspiel,
oder
dichtgedrängt wie ... – ja, das Bild,
das sich am Ende einstellt und nicht weggeht,
sind die dichtgedrängten Beruhigungs-
zäpfchen
in einer Anstaltspackung,
die Schulter an Schulter auf ihre große Stunde warten,
jedes einzeln
in Kunststoffolie eingeschweißt.

***

Achte mal auf Männer beim Frühschoppen,
die, wenn's rappelt, gar nicht von ihrem
Glas aufzublicken brauchen, um zu wissen,

wieviel der Spielautomat ausgespuckt hat.
Tut es nicht gut zu sehen, daß auch hier
die Erfahrung eines langen Lebens mehr ist

als nur ein leeres Krankenscheinheft?
Die Striche auf den Bierdeckeln künden
dieselbe Wahrheit wie die Linien um den

Mund einer alten Frau, die ihre Zähne nicht
drin hat: So hat eben jeder sein Päckchen
zu tragen ... (»Bloß daß manche ticken!«)

***

Ich bin müde
und liege auf dem Bett,
ein Feuerschlucker, der mit Bacardi arbeitet.
(Auf der Tonspur einige sehr populäre Songs,
here comes your 19th nervous breakdown ...)

Um sechs Gelegenheit
zu einem Schuß Leidenschaft zwischen zwei Terminen
in einem Frauenkalender (lila Kuli)

Nachdenklich den vollen Frommser
runterspülen wie ein Schiffbrüchiger,
der dem Stillen Ozean
seine unwiderruflich letzte Flaschenpost
anvertraut:
Einen Zettel
von der Größe eines knappen Kassibers,
mit drei Sternchen in Anführungszeichen –
wie unter guten »OHNE WORTE«-Witzen ...

Mehr Angst als Vaterlandsliebe

Deutschland im Herbst ... Deutschland im Winter, Deutschland
im Frühling und Sommer, ist doch gehopst wie gesprungen, du
brauchst keinen Wetterfrosch, um zu sehen, woher der Wind weht:
Deutschland im Eimer, Deutschland am Boden – 8, 9, Aus!

Buhrufe. »Schiiiebung!« Was tun in dieser Macht- und Schieß-
gesellschaft, wo politisches Handeln längst in Fleisch und Blut
übergegangen ist, viel, viel Blut? Was tun – und was lassen?
Das Mobile Einsatzkommando trainiert für den *Goldenen Schuß,*

während die Terrorfreaks in ihren vorausbezahlten Apartments
auf dem Teppichboden hocken und auch nichts anderes machen
als gute Mine zum bösen Spiel: Die Affen rasen durch den Wald,
und einer macht den andern kalt. Hat wer die Kokosnuß gesehn?

»Hier schlagen die teuersten Werte unserer Gemeinschaft um
in Wahnsinn und gemeines Ganoventum«, sagt einer und kriegt
Geld dafür. Der Regierungssprecher vertröstet die Presse
auf eine umfassende Dokumentation. Soziologieseminaristen

betonen auf jeder Seite, es würde den Rahmen der vorl. Arbeit
sprengen, wollten sie alle denkbaren Blablabla einbringen.
Der Mann vom Bundeskriminalamt konzediert trotz verstärkten
Personen- und Objektschutzes ein unkalkulierbares Restrisiko:

»Nun, liebe Zuschauer daheim, eine Panne kann's immer geben,
das ist ja grad das Schöne an der Live-Atmosphäre«, freut sich
Hänschen Rosenthal, »aber jetzt wieder aufgepaßt: Dalli! Dalli!«
Kommt mir so verdammt bekannt vor, der Film, der hier läuft,

gleich stürzt da einer aus dem 14. Stock vom Polizeipräsidium,
in Zeitlupe, bloß singt statt Joan Baez diesmal Rio Reiser den
Titelsong. Fahndungsplakate werben fürs Schattenkabinett –
dasselbe in Rot? Die Waisenkids von der RAF übernehmen sich

mit der Verantwortung für vereinzelte, verzweifelte Aktionen,
wohingegen die Christdemokraten bereits öffentlich bekennen,
sie würden ab 1980 die Verantwortung für den kompletten Staat
auf ihre Narrenkappe nehmen. Und auch in dieser Nacht wird

viel gelacht, nicht etwa nur auf den Geschlossenen Abteilungen,
auch in der Bonner SPD-Zentrale, wo Kanzler Helmut Schmidt
mit seiner Parole »Mehr Demokratie sagen« die Parteistrategie
für die 80er Jahre umreißt und dabei die Macher des Machbaren

auf seiner Seite weiß. »Aber Willys Vision vom mündigen Bürger?«
Die ist nicht tot, nein doch, die hat überlebt in der Konzeption
von *Pro und Contra* und artikuliert sich alle paar Wochen so:
»Unsere Jury besteht aus 25 Frauen und Männern, völlig blind

aus dem Stuttgarter Telefonbuch herausgepickt und vor Beginn
der Sendung kurz über unsere Frage informiert. Wir diskutieren
heute das Problem: Spikesreifen – legitime Gewalt gegen Asphalt?«
Was tun? In den Nachrichten stürzt ein russischer Killersatellit

atomgetrieben vom Himmel und verstreut Plutonium in Kanada:
Experten in Spezialanzügen fuchteln wild rum mit Geigerzählern,
die Bevölkerung kriegt den Tip, lieber 'ne Dose aufzumachen
und die Zähne mit *Seven-up* zu putzen, »zur eigenen Sicherheit«.

Der Präsident der USA zeigt Besorgnis über dieses Waffensystem
der Sowjets und fragt sich und das deutsche Fernsehpublikum
unsynchronisiert: »Why are they doing it?«, wo doch die Präambel
des Weltraumvertrags, treu den Prinzipien guter Nachbarschaft,

die Verbringung von Massenvernichtungswaffen in Umlaufbahnen
ausdrücklich ächtet. Der Kommentator gibt der Sache den Drall
ins Umweltfreundliche: Gewiß, sagt er, die Killersatelliten seien
Bestandteil des Wettrüstens, deshalb werde es sie weiter geben,

»aber« – sein Zeigefinger schießt hoch, der Mann denkt mit! –
»es wäre einmal zu untersuchen, ob man sie nicht mit Solarzellen
betreiben könnte«. Ein Wahlkampfthema mehr für die Grünen Listen.
Auf der ersten Seite des *Bayernkurier* ein Foto vom Vorsitzenden

in getigerter Badehose, bereit zum Durchschwimmen der Isar
in nördlicher Richtung, in eindeutiger Absicht, im Einvernehmen
mit seinen Parteifreunden und im festen Vertrauen auf den Geist
des Volksganzen, kurzum: in einem historischen Augenblick.

Er verspricht eine Generalanästhesie, wenn er an der Macht ist.
»Macht kaputt«? Ball verkehrt? In Kreuzberg im *Jodelkeller*

steht ein ausrangiertes Gurkenglas mit ein paar Groschen drin
und dem Aufkleber »Für den Kampf im Knast«. Großes Bier 1,50.

Einer macht seins an der Wand kaputt, jubelt: »Jedes Zwecklos
ist Widerstand«, und die Scherben bringen Glück. »Linke Kneipen –
Ort alternativer Kommunikation oder Abfüllstation fürs Ghetto?«,
eine offene Frage wie so viele beim Spontikongreß. Wanderer,

kommst du nach Tunix, verkünde daselbst, du habest uns hier
unterm Tisch liegen sehen mit einer Herbstzeitlosen in der Faust,
fast wie bei Scott McKenzie. Neben dem Tresen die Speisekarte:
Schmalzstulle, Bremsklotz, Gulagsuppe, Spaghetti mit Pampe –

»Wir wollen alles!« hat einer druntergemalt, Kringel ums A.
Logo. Und am Langen Samstag Stadtagitation in der Fußgängerzone:
Propagandisten hinter Tapeziertischen, revolutionäre Subjekte
in konsumterroristischer Vereinigung, die dran vorbeischieben,

ist aber auch okay, Hauptsache das eigene Feeling! Die Reklame
zeigt zwei mäßig nachgemachte Comicrevoluzzer Marke Seyfried
in der Badewanne, den neuen *Arbeiterkampf* vor der Nase. Strahlt
der eine den andern an: »Zufrieden?«, und der strahlt zurück.

Na bitte, die Revolution entläßt ihre Künder nach Ladenschluß
in die WG-Idylle – und »Schauma heißt Haarewaschen ohne Tränen«.
Das eigene Feeling? Das langsame Hinübergleiten vom Zynismus
zum Katzenjammer, au Backe, was da alles aus dem Sack kommt

in den Organen der linken Gegenöffentlichkeit! Erzählt doch
ein Typ im *Pflasterstrand*, wie er am »Morgen nach Stammheim«
den totalen Ultra-Orgasmus rausgeholt hat, dank der Wut im Bauch.
Und die Gilla von der AKW-Nöö-Gruppe bleibt dabei: »Wart's ab,

die Revolution kommt trotzdem, einfach unaufhaltsam.« Ungefähr
so unaufhaltsam wie der Kern eines zivilen Leistungsreaktors,
der sich im Zuge seines planmäßigen GAU in die Erdkugel frißt,
allerspätestens in 17 000 Jahren, wenn man kostenlosen Heftchen

des Bundesministeriums für Forschung und Technologie glaubt?
A propos: Immer mehr Leute glauben, vor ihren Wohnungen
tagelang ein und denselben Ford Transit einer im Telefonbuch
nicht registrierten Schädlingsbekämpfungsfirma parken zu sehen,

und sobald sie aus der Haustür treten, überfällt sie bondmäßig
das Georgel einer vollmotorisierten japanischen Spiegelreflex,
die ihre panischen Mienen festhält. »Man würd's kaum merken«,
meint der Fips, um die Ecke linsend, »wenn man's nicht wüßte.«

Sein Telefon wird jetzt auch abgehört, da ist auf einmal so 'n
komisches Knacken in der Leitung, irgendwo echt Scheiße, Mann,
diese ganze stinkparanoide Big-Brother-Wanzenkiste törnt ab –
aber den Dachgepäckträger will er doch nicht runternehmen, damit sie

nicht mit Hubschraubern bei ihm auf dem Kadett landen können.
Die Titti hat den zyklisch wiederkehrenden Blaue-Bände-Blues,
fühlt sich so abgehoben und überhaupt: »Was bringt das alles?«
Zum Glück ist abends 'ne Fete, und sie bleibt bei dem Versuch,

den Kalle vom Kopf auf die Füße zu stellen, auf halbem Weg
in der Horizontalen stecken und kann danach klasse einschlafen.
Wenn die Nacht am tiefsten ist, wer stochert da in der Küche
im Kartoffelsalat? Sitting Bullshit, der letzte Stadtindianer,

optimal bedröhnt am Balancieren auf dem schmalen Grat zwischen
Paradiesvogel und Paria, in Jesuslatschen. UNTERDESSEN ...
hat der Verrückte Wissenschaftler seine Ratte so weit, daß sie,
kaum erklingen die Anfangstakte des Deutschlandliedes, weiß,

wo man draufdrückt, damit die Futterpille in den Käfig fällt.
Von offizieller Seite ist zu hören, man beobachte den Erfolg
des Forschungsprojekts mit mehr als wohlwollendem Interesse,
auch wenn es sich selbstverständlich erst um Tierversuche handle

und so weiter – wieviel ist nicht schon Wirklichkeit geworden,
was niemand für möglich gehalten hätte: Innovative Lösungen
wie der erste in Einzelhaft geglückte Suizid-per-Genickschuß
frappieren den Laien. Der Bürger draußen am Stammtisch aber

hält nicht hinterm Berg mit seiner unheimlichen Freude, drei
unnütze Esser weniger! Der Untersuchungsausschuß liest natürlich
auch Leitartikel und läßt fünfe gerade sein, Holger Meins und
Ulrike Meinhof mitgerechnet: Selbstmord war's, und fertig aus.

Sagen wir halb fertig, Spekulationsruine. Es zeigen sich Risse
in der vielbeschworenen Solidarität der Demokraten, eine Gruppe

von SPD-Dissidenten tritt mit der These an die Öffentlichkeit,
zumindest Irmgard Möller habe sich gar nicht umbringen, nein,

sie habe nur ihr Messer reinigen wollen – und dabei sei das Ding
plötzlich losgegangen. Schuß in den Ofen. Jagdszenen aus Bonn,
die Polizei bittet die Bürger um Mithilfe, heiße Tips von privat,
Sonderleitungen Tag und Nacht: »Wollt ihr den Totalen Krimi?«

Nach der Spätausgabe der *Tagesschau* wird als Wunsch der Woche
noch mal der Kommentar zum Thema Sympathisanten wiederholt,
»Und damit, meine sehr verehrten Damen und Herren, ist das
Pogrom des Deutschen Fernsehens für heute beendet. Ein Blick

auf die Uhr: Es ist 23 Uhr 55, fünf Minuten vor Mitternacht,
wir wünschen Ihnen eine angenehme Ruhe.« Weißes Rauschen ...
wie made in Germany für die Gehirnwäsche. Was tun? Was lassen?
Das Schreiben am Ende? Ist Widerstand-als-Gegenstand witzlos,

Wortspielereien auf Zetteln, um keinen Stein geknüllt? Ernst
machen die Taten, »Wir arbeiten weiter am Moloch Deutschland«:
Die Justizorgane sind berühmt für hochnotpeinliche Korrektheit,
keine Bananenrepublik das, hier zupfen die Scharfrichter

ihre persilweißen Manschetten aus den Rockärmeln, bevor es
zum Letzten kommt. Also? Gedichte schreiben bis zur Vergasung?
Und an der Tür der Duschbaracke drücken sie einem wieder
'n Stück Seife in die Hand – »Langhaarige nur mit Badekappe!«

Editorische Notiz

Passiert sind mir diese Gedichte Mitte der 70er Jahre, »irgendwo ganz spontan«, mit den Stones auf dem Plattenteller und dem Handbuch der Lebenskunst unterm Kopfkissen; Agitpop-Gedichte, die ausgingen auf eine Einheizfront von geballter Faust und dito Zunge-in-der-Backe, auf Bewußtseinserheiterung in finsteren Zeiten: *Meine Fresse!* ist herausgekommen in jenem Herbst 1977, als Selbstmord plötzlich ebenso »machbar« war wie der Schulterschluß zwischen Wahn und Wirklichkeit und dieses sprichwörtlich kalte Land einen einsamen Höhepunkt erlebte ... kalter Bauer!

Ist das tatsächlich alles schon so lange her, ging mir beim Wiederlesen des Materials durch den Kopf, oder wird das nur heutigen Taschenbuchkäufern so vorkommen? Sind die Außenbezüge noch geläufig, jetzt wo es in die 90er geht, oder ist das allmählich auch so ein Band Gedichte »von früher«, dem die Beigabe eines Kritischen Apparats guttun würde? Und überhaupt natürlich: Wo der Lack ab ist, hilft kein Polieren.

Wollen wir doch mal sehen, habe ich mir gesagt – und getan, was diese Gedichte selber auch immer schon gern getan hätten: eingegriffen habe ich, und zwar verändernd, habe hier einen Punkt gemacht und da ein Wort gestrichen, eine Zeile, eine Seite; zwei Gedichte der Originalausgabe sind verschwunden und, wie ich hoffe, mehr als ersetzt worden durch die beiden letzten hier abgedruckten, die nach Erscheinen von *Meine Fresse!* im Winter 1977/78 entstanden sind, mit dem Kater in den Knochen, und die so gewiß in den Band gehören wie das Amen in die Kirche.

Also, mit dieser Ausgabe linker Hand hätten wir jetzt zum ersten Mal die Buchstabensuppe der frühen Jahre in einem handlichen Päckchen beisammen: Simply add boiling water.

U. B., März 1990

ULI BECKER, geboren am 14.9.1953 in Hagen/Westfalen, lebt als freier Schriftsteller seit 1979 in Berlin.
Buchveröffentlichungen: *Meine Fresse!* (Gedichte, 1977) – *Menschen! Tiere! Sensationen!* (Das Buch zum Film, 1978) – *Der letzte Schrei* (Gedichte, 1980) – *April April* (Ein Fragment, 1980) – *Daß ich nicht lache* (Gedichte, 1982) – *Frollein Butterfly* (69 Haiku, 1983) – *So gut wie nichts* (Ausgewählte Gedichte, 1984) – *Das blaue Wunder* (Leute auf den ersten Blick, 1985) – *Das höchste der Gefühle* (Erotische Gedichte, 1987) – *Sechs Richtige* (Dadaistische Karrieren, 1989).
Im Haffmans Verlag erschienen: *Das Wetter von morgen* (Gedichte, 1988) – *Alles kurz und klein* (Erinnerungen, 1990) – *Meine Fresse!* (Gedichte, 1977/90). Außerdem regelmäßig Gedichte und Prosa im Magazin für jede Art von Literatur *Der Rabe* (seit Nr. 1, 1982).